Mais où est donc... ma mémoire ?

Découvrir et maîtriser les procédés mnémotechniques

Mais où est donc... ma mémoire ?

Découvrir et maîtriser les procédés mnémotechniques

Alain Lieury

DUNOD

Illustration de couverture :

Laurent Audouin

ISBN 2 10 049417 1

TABLE DES MATIÈRES

INTRODUCTION

Mais où est donc Ornicar ? Cette petite phrase, tout le monde la connaît, c'est un aide-mémoire destiné à se rappeler facilement les conjonctions de coordination « mais, ou, et, donc, or, ni, car ». Les lycéens connaissent également d'autres phrases clés telles que « Sur la racine de la bruyère, la corneille boit l'eau de la fontaine Molière », pour se rappeler les écrivains du XVIIe : Racine, La Bruyère, Corneille, Boileau, La Fontaine, Molière. Lorsque j'étais étudiant en propédeutique sciences, nous apprenions des phrases telles que « Cambronne, s'il eut été dévot, n'eût pas carbonisé son père » afin de se rappeler l'ordre des périodes géologiques de l'ère primaire : cambrien, silurien, dévonien, carbonifère, permien. Mais les tout-petits ne sont pas en reste, et lorsque les enseignants leur font apprendre des comptines, ils recourent à des aide-mémoire, ou procédés mnémotechniques :

Un, deux, trois,
nous allons aux bois
quatre, cinq, six,
cueillir des cerises
sept, huit, neuf,
dans mon panier neuf
dix, onze, douze,
elles seront toutes rouges.

Des méthodes pour la mémoire, il en existe ainsi de très nombreuses, de la méthode des lieux de l'Antiquité aux tables de rappel grâce auxquelles, selon certaines publicités, on retiendrait des centaines de dates historiques. Mais ces méthodes sont-elles efficaces ? Et si oui, pourquoi et par quels mécanismes ? Jusqu'à l'apparition de la psychologie scientifique, on ne se préoccupait guère d'évaluation, et de tout temps, charlatans et gourous ont été nombreux à vanter des méthodes miracles permettant d'apprendre facilement sans jamais oublier.

Ce livre offre un bilan des méthodes en fonction d'évaluations expérimentales. Après une première partie historique, qui retrace les lointaines racines de certaines méthodes, une deuxième partie rappelle quelques mécanismes de base de la mémoire dont la connaissance est nécessaire pour comprendre l'efficacité ou, à l'inverse, les raisons de l'inefficacité de certaines méthodes. La troisième partie présente une classification des procédés mnémotechniques en « codes, indices, plans » et leur évaluation par des expériences. Proposée dans une première édition (Lieury, 1980*a*), cette classification a été adoptée dans un classement pour les bibliothèques[1], je la conserve donc. La plupart des méthodes classiques peuvent être vues, en effet, comme des cas particuliers, astucieux, de mécanismes de codage et de récupération. Enfin, une quatrième partie est consacrée aux apports et limites de ces méthodes, ainsi qu'aux perspectives nouvelles.

À propos, ne cherchez plus Ornicar, il existe bel et bien depuis qu'un astronome[2] a nommé ainsi avec humour l'astéroïde 17.777 !!!

1. Merci à Guy Tiberghien, lui aussi spécialiste de la mémoire, de me l'avoir signalé.
2. Par Alain Maury de l'observatoire de la Côte d'Azur, Ciel et Espace, avril 2005.

Première partie

L'HISTOIRE DES MÉTHODES

1 L'ART DE LA MÉMOIRE DANS L'ANTIQUITÉ

1 La légende de Simonide

Une tablette de marbre datant environ de 264 avant notre ère a été découverte dans l'île de Paros au XVIIe siècle (Yates, 1975). Des dates légendaires de certaines découvertes y sont gravées, telle l'introduction du blé par Cérès et Triptolème, ou l'invention des aide-mémoire. L'inscription n'est pas entièrement conservée, mais on peut y lire : « Depuis le moment où Simonide de Céos, fils de Léoprédès, inventeur du système des aide mémoire, remporta le prix des chœurs à Athènes… deux cent treize ans », c'est-à-dire 477 avant J.-C.

Les circonstances légendaires de cette invention ont été rapportées par les Romains Cicéron (54 av. J.-C.) et Quintilien (Ier siècle) qui se sont appuyés sur des sources grecques disparues de nos jours. D'après Quintilien :

> Simonide avait, moyennant une somme convenue, écrit pour un athlète qui avait remporté un prix de pugilat, un de ces poèmes qu'il était d'usage de composer pour les vainqueurs. On refusa de lui payer une partie de l'argent, parce que, suivant la pratique commune des poètes, il s'était étendu en digressions dans lesquelles il célébrait Castor et Pollux. Aussi lui dit-on de réclamer cette part à ces demi-dieux, dont il avait chanté les exploits… En fait, si l'on en croit la tradition, ils la lui payèrent. En effet, un grand festin étant donné pour fêter cette même victoire, et Simonide étant invité au repas, on vint le chercher, parce que, disait-on, deux jeunes gens

> arrivés à cheval le réclamaient avec une vive insistance. À vrai dire, il ne les trouva pas, mais la suite prouva la reconnaissance des dieux envers lui. En effet, à peine eut-il mis les pieds hors de la salle à manger que celle-ci s'écroula sur les convives et mêla leurs corps au point que lorsque leurs proches voulurent leur donner une sépulture, ils ne purent malgré leurs recherches, distinguer à aucun signe non seulement les visages, mais aussi les membres des malheureux écrasés. Alors Simonide, se rappelant la place des convives à table, rendit leurs corps à leurs parents… Ce que fit Simonide semble avoir amené à l'observation que la mémoire est aidée par des cases bien marquées dans l'esprit… (p. 165)

Cette méthode, appelée la méthode des lieux (ou des *loci*), a donc été la première technique pour aider la mémoire. Elle consiste à coder en images les éléments que l'on doit apprendre, et à placer chacune d'elles dans un lieu selon un itinéraire bien connu et représenté mentalement. Pour rappeler tous les éléments dans l'ordre, il suffit de refaire mentalement le trajet et de découvrir l'image qui a été placée en chaque lieu. En voici un exemple très simple à propos des courses effectuées dans un magasin. Il faut que j'achète du café, du sucre, du riz, une baguette de pain et une salade. La méthode des lieux consiste à composer une image mentale de chaque objet et à les disposer mentalement selon un itinéraire familier, par exemple les pièces de la maison. Afin de retrouver les objets, je dois refaire mentalement l'itinéraire :

Lieux	Courses	Associations
corridor	café	Je rentre chez moi. En marchant dans le corridor, j'écrase des grains de café répandus sur le sol.
cuisine	sucre	Dans la cuisine, la table est un énorme morceau de sucre.
salon	riz	Le salon est transformé en riziculture.
escalier	baguette	Je monte par l'escalier en m'aidant d'une rampe en forme de baguette.
chambre	salade	Dans la chambre, la couette est une grande feuille de salade.
…	…	…

Tableau 1.1
Illustration de la méthode des lieux pour une liste de courses.

Cette méthode a rencontré, nous le verrons, un énorme succès de l'Antiquité jusqu'à la Renaissance, sauf chez quelques réfractaires tel le général athénien Thémistocle (Simondon, 1982), vainqueur des Perses à Salamine. À Simonide qui lui proposait de lui enseigner l'art de la mémoire, il aurait répondu qu'il préférait qu'on lui enseignât l'art de l'oubli !

2 Le culte de Mnémosyne dans la Grèce antique

La mémoire a une grande importance chez les Grecs, comme en témoigne le culte de Mnémosyne (Simondon, 1982). Mnémosyne, fille d'Uranus, a un tel charme que Zeus, maître de l'Olympe, s'unit à elle durant neuf nuits donnant naissance aux neuf muses qui président à la connaissance : Clio pour l'Histoire, Euterpe pour la Musique... Mnémosyne demeure auprès de Zeus et lui conte les victoires des Dieux contre les Titans. Elle possède une mémoire prodigieuse qui lui permet de se souvenir des poèmes et des chansons que lui demande Zeus. C'est pour cette raison qu'elle personnifie la mémoire. Le culte de Mnémosyne était, dit-on, répandu dans la région d'Olympie et consistait en une sorte de cure avec différentes eaux. Sans doute, le fait de ne plus boire du bon vin grec à pleine amphore était-il, en réalité, le vrai secret des eaux de Mnémosyne...

Si la méthode des lieux est populaire, les idées sur la mémoire sont plus répandues parmi les savants de l'Antiquité. Le grand philosophe Platon (427-347 av. J.-C.) était opposé à la conception d'une aide artificielle de la mémoire (les méthodes), car, pour lui, il existe une connaissance virtuelle, témoin des réalités que l'âme a connu avant de prendre une forme matérielle sur terre. Par exemple, l'idée d'égalité n'a pas été apprise, elle est une réminiscence divine. Toute évocation n'est que réminiscence d'une vie antérieure de l'âme. On est d'ailleurs frappé par la similitude entre la pensée de Platon et la métempsycose, c'est-à-dire la croyance en la réincarnation de la religion de l'Inde. Il n'est pas impossible que Platon défende ici des idées plus anciennes de Pythagore, le père de la philosophie, qui, croit-on, a beaucoup voyagé en Orient et en a peut-être rapporté cette philosophie mystérieuse. Voici ce qu'écrit Platon à propos de la notion de « général » : « Cette faculté est une réminiscence des choses que notre âme a vues quand elle cheminait avec l'âme divine et que dédaignant ce que nous prenons ici bas pour des êtres, elle se redressait pour contempler l'âme véritable » (*Phèdre*). Cette conception d'une « mémoire-connaissance » qui vient de Dieu inspirera de nombreux auteurs mystiques de la Renaissance.

Le brillant successeur de Platon, Aristote (384-322 av. J.-C.) a des vues complètement opposées qui constitueront le socle de la scolastique (enseignement théologique) du Moyen Âge, notamment chez saint Thomas d'Aquin, le chef de file des théologiens, dont les idées formeront la base des théories empiristes des XVIIe et XVIIIe siècles. Dans son petit traité *De la mémoire et de la réminiscence*, apparaissent quelques grands principes. Tout d'abord, les objets tels que nous les présente l'expérience sont des réalités, contrairement à Platon pour qui tout n'est qu'illusion. Ensuite, la mémoire est fondée sur des images, elles-mêmes dérivées des sensations qui s'impriment comme un sceau sur de la cire. L'analogie du sceau sur de la cire sera souvent reprise, et Giordano Bruno s'en servira dans le titre d'un de ses ouvrages. Cette idée, quoique naïve, préfigure les théories matérialistes selon lesquelles la mémoire est produite par la matière. Précisons que, pour Aristote, le siège de la mémoire est… le cœur. Enfin, pour retrouver les images, il faut un point de départ, idée qui annonce les associations et surtout les mécanismes de récupération (*cf.* 2e et 3e parties). Aristote a produit bien d'autres observations intéressantes, mais la méthode la plus populaire était celle des images, dans la mesure où la plupart des gens étaient illettrés.

3 L'utilisation du zodiaque

Métrodore de Scepsis est un représentant fameux de cette tradition qui fait des images le support fondamental de la mémoire. Ce contemporain de Jules César (Ier siècle av. J.-C.) appartenait à la cour de Mithridate, le célèbre roi de Perse qui s'accoutumait au poison par crainte de son entourage (d'où le nom de mithridatisation pour désigner cette accoutumance).

Le juriste romain Quintilien signale que Métrodore aurait trouvé pour son système de mémoire « 360 emplacements dans les douze signes du zodiaque », et il ajoute « jactance sans doute et forfanterie d'un homme qui, se glorifiant de sa mémoire, voulait en faire l'honneur à sa méthode plus qu'à la nature ». Quintilien énonce avec une sagacité extraordinaire pour l'époque (Ier siècle) une critique que l'on peut opposer de manière permanente à certains promoteurs de méthodes : si certaines sont efficaces, elles ne le sont que de façon imparfaite chez des personnes aux aptitudes normales, et leurs défenseurs sont bien souvent des mnémonistes « professionnels » qui ont des capacités extraordinaires au départ et qui, en les améliorant par des techniques, se produisent en public.

Cependant, de même que les Romains utilisaient leurs palais ou leurs villas comme itinéraire dans la méthode des lieux, il était théoriquement possible d'imaginer 360 emplacements ou lieux dans le ciel d'après les connaissances astronomiques des Assyriens (Irak). Les Assyriens avaient découvert cinquante-deux constellations dont douze dans l'écliptique (c'est-à-dire le cercle apparent parcouru par le Soleil en un an) : ce sont les célèbres signes du zodiaque. Les Égyptiens avaient observé, quant à eux, la levée héliaque (de *hélios*, soleil) des étoiles, qui, à l'instar de l'étoile Sirius, disparaît à l'horizon, là où se lève le Soleil, et ce pendant une période de dix jours, dénommée « décan » – et qui est toujours vivace dans les croyances astrologiques. L'expression toujours populaire de « canicule » est d'ailleurs attachée à ces découvertes astronomiques, puisque Sirius fait partie de la constellation du Grand Chien (*canis* en latin), et la levée héliaque de Sirius (en Égypte et non en France) a lieu au milieu de l'été…

Ainsi Métrodore aurait-il pu utiliser pour sa méthode les douze constellations du zodiaque avec chacune trois étoiles, ce qui donne trente-six étoiles. Chacune de ces étoiles pouvant être attachée à dix jours (décan), on aboutit 360 lieux dans le ciel. Si l'on se réfère à certains systèmes de la Renaissance – ceux de Giordano Bruno –, cette idée est tout à fait vraisemblable.

4 Les orateurs romains

À Rome, l'art de la mémoire s'est développé à des fins utilitaires, notamment pour plaider. La mémoire devient alors un chapitre de la rhétorique, ou art de plaider, et c'est à ce titre qu'elle est enseignée dans les écoles de droit et qu'elle figure dans les traités. Trois ont survécu à la destruction de l'Empire romain par les barbares : la *Rhétorique à Hérennius* (env. 84 av. J.-C.) d'auteur inconnu, *L'Orateur* (*De oratore*) de Cicéron et *Institution oratoire* de Quintilien, le précepteur des empereurs.

La Rhétorique à Hérennius *: premier traité des images*

La *Rhétorique à Hérennius* est le premier maillon parvenu jusqu'à nous d'une longue chaîne de traités grecs qui ont établi la tradition de la méthode des lieux depuis Simonide. D'ailleurs, son auteur nous précise qu'il connaît de nombreux traités de ce genre : « Je sais que la plupart des Grecs qui ont écrit sur la mémoire se sont proposés de rassembler les images qui correspondent à un grand nombre de mots, afin que ceux qui voudraient les apprendre par cœur les trouvassent toutes prêtes, sans avoir à travailler pour les chercher. » Cet ouvrage comprend à la fois des conseils originaux mais aussi des règles traditionnelles transmises au cours des quatre siècles qui le séparent de Simonide. L'auteur commence par distinguer la mémoire naturelle (les aptitudes) de la mémoire artificielle (la méthode des lieux). Cette dernière est elle-même subdivisée en mémoire pour les lieux (ou cases, ou emplacements et mémoire pour les images). Pour se souvenir des images, il faut les singulariser, leur attribuer « une beauté exceptionnelle ou une insigne laideur […] en nous représentant telle d'entre elles sanglante, couverte de boue ou enduite de vermillon », car nous ne retenons pas ce qui est ordinaire mais ce qui est remarquable. En ce qui concerne les lieux, l'auteur conseille de les prendre dans un palais, une colonne, un angle, une voûte. Mais il faut que ces emplacements soient solitaires, différents, ni trop éclairés, ni trop sombres. On notera le parallélisme étroit avec les lois de la vision, démontré dans des expériences récentes (Denis, 1991).

Rappelons à ce sujet l'anecdote rapportée par le psychologue russe Luria qui a étudié la mémoire prodigieuse du mnémoniste Veniamin. Ce dernier se servait de la méthode des lieux pour perfectionner ses aptitudes exceptionnelles en prenant des rues familières comme lieux. Voici comment il expliquait ses quelques oublis sur des listes d'une centaine de mots : « J'avais placé le "crayon" près de la barrière, vous savez, cette barrière dans la rue, le crayon s'était confondu avec la barrière et je passai sans l'apercevoir [...]. La même chose est arrivée avec l'"œuf". Il s'était confondu avec la blancheur du mur contre lequel il était placé. Comment distinguer un œuf blanc sur un fond blanc ? C'est ainsi que le dirigeable gris s'était confondu avec la chaussée grise... En ce qui concerne l'"étendard rouge", je l'avais appuyé contre le mur du Mossoviet qui est rouge, comme vous le savez et je ne l'ai pas remarqué en passant... Quant à "poutamen", je ne sais ce que c'est... c'est un mot très sombre et je n'ai pu le distinguer, le réverbère était loin... » (Luria, 1970, p. 37).

La méthode des lieux s'adressait aux gens ordinaires, comme le prouvent ces conseils qui indiquent l'intuition, dès l'Antiquité, d'une capacité limitée de la mémoire (*cf.* 2e partie) : « Et pour éviter toute erreur dans le nombre des cases, il faut donner un indice à tous les multiples de 5 ; par exemple, si à la 5e nous plaçons comme indice une main d'or, à la 10e (*docimo*) une de nos connaissances dont le prénom sera Décimus, il sera facile en continuant la série d'en faire autant pour tous les multiples de 5. »

En pratique, les conseils de la mémoire artificielle étaient destinés à la plaidoirie. Ainsi l'exemple suivant donné par le mystérieux auteur de la *Rhétorique à Hérennius* nous permet de nous représenter vingt siècles plus tard l'usage pratique de la méthode des lieux :

> Par exemple, l'accusateur prétend que le prévenu a empoisonné un homme, l'accuse d'avoir commis le crime pour s'assurer un héritage et dit qu'il y a, pour le prouver, beaucoup de témoins, beaucoup de gens ayant été dans la confidence. Si nous voulons nous rappeler ce premier point, afin de pouvoir facilement présenter la défense, dans la première case, nous nous tracerons une représentation de toute l'affaire. Nous nous représenterons, étendu dans son lit, malade, l'homme même dont il est question,

> si nous connaissons ses traits ; ou à son défaut, une personne quelconque… Et, debout, près de lui, à côté de lui, nous placerons l'accusé, tenant de la main droite le poison, de la main gauche des tablettes et des testicules ordinaires de bélier, par ce moyen nous pourrons nous souvenir des témoins, de l'héritage et de l'homme empoisonné. De la même manière, nous rangerons successivement dans des cases tous les autres chefs d'accusation, en suivant l'ordre où ils se présentent et toutes les fois que nous voudrons nous souvenir d'une chose, si nous avons bien disposé les [cases] pour distinguer les images, notre mémoire retrouvera plus facilement ce que nous voudrons.

Quelle est la raison du succès d'une telle méthode quasiment inconnue de nos jours ? La réponse est simple : il y a vingt siècles, les gens ne savaient pas lire, la méthode des lieux compensait donc l'écriture.

> De même que ceux qui savent leurs lettres peuvent grâce à elles écrire ce qu'on leur dicte pour lire tout haut ce qu'ils peuvent placer dans leur cadre ce qu'ils ont entendu et à l'aide de ces points de repère, se le rappeler. Les points de repère représentent tout à fait les tablettes ou les papyrus, les images, les lettres, la disposition pour l'arrangement des images, l'écriture, le débit, la lecture.

Il nous est donc difficile de nous représenter cette mémoire, car, chez les « illettrés » de l'Antiquité, des structures neurologiques employées actuellement par le langage écrit fonctionnaient peut-être pour des lieux. De nos jours, à l'inverse, l'utilisation généralisée des calculatrices et de l'ordinateur fait que nous connaissons mal les tables de multiplication que les personnes du siècle passé connaissaient par cœur. De même l'usage des SMS (*short message system*) pour le téléphone portable induira peut-être une perte de la mémoire de l'orthographe classique…

Quintilien : l'exercice et la logique

Le grand avocat Cicéron pourrait figurer dans un album d'Astérix, car il vivait au temps de Jules César. Dans son ouvrage, il reprend une partie des conseils de la *Rhétorique à Hérennius* et défend particulièrement la méthode des lieux, ce qui montre que même à cette époque, il existait des appréciations contradictoires sur l'utilité ou l'efficacité de cette méthode :

> Et qu'on ne dise pas – ce sont des propos inexacts de paresseux – que cette abondance d'images charge et accable la mémoire… J'ai vu, moi, des hommes de grand mérite et d'une mémoire prodigieuse : à Athènes Charmadas, en Asie Métrodore de Scepsis, qui est encore vivant paraît-il. Tous deux m'ont assuré que, à la façon dont on trace des caractères sur la cire, ils gravaient au moyen des images, dans des emplacements choisis, ce qu'ils voulaient se rappeler.

Quintilien était beaucoup plus prudent et se méfiait de la réputation de grande efficacité de la méthode des lieux :

> Ce procédé, je l'avoue, a quelquefois son utilité, par exemple, si nous avons à reproduire les noms d'un grand nombre d'objets dans l'ordre… mais il offrira moins d'utilité pour apprendre par cœur les parties d'un discours suivi. Car les pensées n'ont pas comme les objets des images propres.

Dans ce conseil, Quintilien anticipe avec une grande sagacité des recherches modernes qui soulignent que les mots abstraits sont moins faciles à mémoriser, précisément à cause d'une faible imagerie. Après avoir examiné d'autres méthodes – apprendre en murmurant, apprendre sur la même page, etc. –, Quintilien conclut en insistant sur l'analyse logique et l'exercice :

> Le moyen presque unique, exception faite de l'exercice, le plus puissant de tous, c'est la division et aussi l'agencement harmonieux des mots… Un discours est-il trop long pour être confié à la mémoire, on se trouvera bien de l'apprendre par parties. Mais que ces parties ne soient pas trop courtes, autrement elles deviendront à leur tour trop nombreuses. Pour ce que nous avons trop de peine à retenir, il n'est pas inutile d'y attacher quelques marques pour que le souvenir serve à rafraîchir et à stimuler la mémoire… une ancre si c'est d'un navire qu'il faut parler, un javelot si c'est d'un combat.

Ces conseils dénotent une connaissance empirique approfondie de différentes notions que nous évoquerons ultérieurement : la répétition, ou exercice qui exerce son rôle sur le plan biologique, la capacité limitée de la mémoire à court terme qui rend très efficace un découpage optimum, et les indices de récupération (ancre et javelot) afin de rappeler différentes catégories sémantiques.

Saint Augustin : la multiplicité des mémoires

Mort en 430 au siège d'Hippone (actuellement Bone en Algérie) probablement lors d'une attaque des tristement célèbres Vandales, Saint Augustin est peut-être le dernier à avoir assimilé toute la culture antique à la veille de la destruction de l'Empire romain d'Occident. Sa conception de la mémoire est, en effet, fort riche. Au cours de plusieurs chapitres de ses *Confessions*, il dresse un vaste tableau de la mémoire en reprenant les images chères à l'Antiquité d'une mémoire « où se trouvent les trésors des images innombrables ». Mais sa conception de la mémoire est très abstraite, et il dépasse les notions d'Aristote sur les images vues comme des résidus sensoriels : « nulles de ces idées ne sont ni sonores, ni odorantes ». En remarquant le premier que les idées ne sont pas non plus liées à la forme d'une langue (le code lexical dans la terminologie actuelle), c'est-à-dire que « les idées ne sont ni grecques ni latines », il est le précurseur de la conception la plus moderne de la mémoire : la mémoire sémantique. Tragiquement, toutes ces richesses culturelles de l'Antiquité vont disparaître…

2 MAGIE ET MÉMOIRE

1 La mémoire entre châteaux-forts et monastères

Au Ier siècle, la culture se désagrège, conséquence directe de la destruction de l'Empire romain par les Barbares (Wisigoths, Vandales…). Ainsi, en 410, les Wisigoths, conduits par Alaric, envahissent et pillent Rome. Les manuscrits qui n'ont pas été détruits ne seront redécouverts qu'après plusieurs siècles, voire jusqu'à mille ans plus tard : la *Rhétorique à Hérennius* n'est mentionnée que vers 830 (*cf.* Yates, 1975), le texte de Quintilien est exhumé en 1416 et publié en 1470, et celui de Cicéron ne paraît connu que vers 1422.

Par rapport à l'Antiquité, le Moyen Âge est essentiellement une période de vide culturel et de reconstruction lente. Seules subsistent des traditions orales pendant ces quatre ou cinq siècles. À une question de Charlemagne sur la mémoire, le théologien anglo-saxon Alcuin (735-804) répond en ces termes : « La mémoire est la salle au trésor de toutes les choses. » L'empereur l'interroge alors : « N'y a-t-il pas d'autres préceptes qui nous disent comment on peut l'acquérir ou l'accroître ? » Et Alcuin d'affirmer : « Il n'y en a pas d'autres à part s'exercer à apprendre par cœur, pratiquer l'écriture, s'appliquer à l'étude » (cité par Yates, 1975, p. 65).

Avec la réorganisation féodale, la culture renaît dans les monastères et les universités ou écoles, essentiellement de théologie, telles l'académie de Florence ou la Sorbonne. Des traités anciens et fragments de manuscrits sont retrouvés, et un certain nombre de documents sont attribués indistinctement (comme la *Rhétorique à Hérennius*) à un certain Tullius (certainement Cicéron dont Tullius était l'ancêtre). Le mélange des idées aristotéliciennes et théologiques aboutit à la scolastique. Par exemple, pour le chef de file des théologiens Saint Thomas d'Aquin (XIIIe siècle), la mémoire devient une partie de la vertu de prudence qui vient de Dieu. En conséquence, les conseils de la *Rhétorique à Hérennius* de constituer des images laides ou honteuses pour mieux les retenir sont bannis des traités. Dans sa *Somme théologique*, Thomas d'Aquin établit, à propos de la mémoire, une synthèse entre Aristote et la méthode des lieux :

> Pour la réminiscence, il faut prendre un point de départ, d'où l'on commence à avancer pour se rappeler. C'est pourquoi on peut rencontrer des gens qui se rappellent à partir des lieux dans lesquels une chose a été dite, faite ou pensée… En conséquence, Tullius enseigne dans sa *Rhétorique* que pour se rappeler facilement, il faut imaginer une certaine succession de lieux sur lesquels on distribue dans un certain ordre les images de toutes les choses que l'on veut se rappeler (cité par Yates, 1975, p. 68).

Vers la fin du Moyen Âge, la méthode des lieux est toujours populaire, mais les « lieux » changent : ce ne sont plus les palais et les colonnes de l'Antiquité mais des monastères, des cathédrales, ou des cartes imaginaires des cieux (paradis, enfer, purgatoire).

Les plus anciennes traces écrites sur la mémoire que nos bibliothèques ont pu conserver sont des notes de Roger Bacon datant de 1274 (bibliothèque d'Oxford) et un ouvrage de Thomas Bradwardini, évêque de Canterbury, datant de 1325 (British Museum, n° 3744, Sloane Collection). Roger Bacon avait une telle renommée qu'on le surnommait le « docteur admirable ». Né en 1214 dans le Somerset, il fit ses études à Oxford puis à Paris, avant de devenir franciscain. Il était réputé pour ses travaux sur la chimie et l'optique, mais sa science, mal comprise de ses contemporains, lui valut d'être jeté plusieurs fois en prison pour pratique magique (le caractère effroyable de cette époque est bien restitué dans le film *Le Nom de la rose*, tiré du roman d'Umberto Eco). Bacon connaissait le latin, le grec, l'hébreu, l'arabe, et il consacra beaucoup de temps et d'argent à réunir les précieux ouvrages qui restaient de l'Antiquité. Ces petits opuscules ne font que traiter de la méthode des lieux (John Millard, 1813). J'ai pu en consulter quelques-uns au British Museum, ils sont parfois très courts, quelques pages, certains sont des parchemins…

2 Premières apparitions du code chiffre-image

Les petits traités qui furent publiés par la suite ne faisaient que perpétuer la méthode des lieux avec parfois pour seul but celui d'apprendre des sermons, comme dans ce petit opuscule de François Panigarole, *L'Art de prescher et bien faire un sermon, avec la mémoire locale & artificielle* (1404). D'autres eurent un peu plus de notoriété comme le livre de Publicius (1482) avec des cartes du ciel comme lieux, ou la méthode de Pierre de Ravenne (1491) qui eut l'idée de constituer un alphabet visuel, en associant les initiales de personnages (ou de jeunes filles) à leur visage. Parmi tous ces opuscules, le *Congestorium artifisiose memorie* de Romberch de Kyrspe (1533), parfois cité sous le nom de Johannes Host de Romberch, acquit une certaine renommée. Il s'agit d'une compilation de conseils inspirés des orateurs romains et de listes servant probablement de systèmes de lieux. Parmi les nombreuses listes contenues dans l'ouvrage, les premières font correspondre des images à des lieux dans une pièce, à des ornements ou objets liturgiques (burette, étole, crosse d'évêque, lutrin...), ou encore aux ordres des anges (séraphins, chérubins, archanges...).

Ces listes ne sont donc que des systèmes de lieux, mais certaines sont plus originales et font correspondre des images à des lettres de l'alphabet ou à des chiffres : ce sont les premiers codes. Par exemple, au A correspond un compas, au B une mandoline, au C un cor. L'image ressemblant à la forme de la lettre, il s'agit d'un code analogique. Quel était le but de ces listes ? Peut-être facilitaient-elles l'apprentissage de l'alphabet et des chiffres, ou servaient-elles d'indices alphabétiques (*cf.* 3e partie) pour des parties d'un sermon ? D'autres listes sont complexes et représentent des images pour des chiffres et des multiples de 10 : par exemple, 10 est représenté par une croix de Malte, 50 par un arc et une flèche, 1 000 par des plumes de paon. Peut-être s'agit-il cette fois d'une innovation importante, celle d'un code chiffre-image permettant de mémoriser dans les transactions des sommes d'argent.

N'oublions pas que, comme dans l'Antiquité, la plupart des gens ne savaient pas lire, de sorte que les nombres ne reposaient que sur une mémoire orale, bien plus fragile qu'une mémoire imagée (*cf.* 2e partie). Là encore, comme dans l'Antiquité, l'écriture rendra caduque beaucoup de ces systèmes de mémoire. Sur le plan social, ces méthodes marquent l'avènement des chiffres, dont on ne parlait pas dans l'Antiquité et qui doivent leur apparition au négoce.

3 La médecine de la mémoire

À en juger par le nombre, impressionnant pour l'époque, de copies et de traductions, le traité de Guillaume Grataroli, publié à Rome en 1554, fut un best-seller dans toute l'Europe médiévale. D'autres succès de cette époque n'en sont que des traductions, comme le *Château de la mémoire* de William Fulwood (1562, en anglais) et l'adaptation française d'Estienne Copé, les *Discours notables des moyens pour conserver et augmenter la mémoire* (Lyon, 1555).

Médecin réputé, Grataroli exerça à Bergame puis à Bâle où il acquit une grande notoriété. Sa formation explique donc que la première partie de son livre, et la plus originale, concerne des préceptes médicaux. Six chapitres sont consacrés à divers thèmes, notamment « les causes principales par lesquelles la mémoire est blessée et les curations » et « les choses qui peuvent nuire à la mémoire », car « avant de chercher à augmenter la mémoire, il faut déjà ne pas la perdre »... Dans le chapitre des remèdes, il cite la purgation et la décoction de camomille, et parmi les substances bénéfiques à la mémoire (on dit actuellement « promnésiantes »), on relève le gingembre, le clou de girofle, le sucre, les racines de glaïeul, etc. La seconde partie du livre est plus classique, puisqu'elle est consacrée à la mémoire « locale » (mémoire des lieux).

En préambule, Grataroli affirme que la mémoire est le bien principal de l'homme, ce qui contraste avec le siècle suivant où Descartes détrônera la mémoire au profit de l'intelligence (la raison). Il distingue ensuite deux types d'activité de mémoire, le mouvement et la réminiscence, distinction qui est inspirée d'Aristote et qui préfigure les distinctions récentes entre codage (au moment de la mémorisation) et récupération (comment retrouver les souvenirs) : les principaux mouvements (nous dirions codages) sont les images, les collections d'images et la rationalisation, tandis que les préceptes de la réminiscence concernent l'ordre, les lieux et la répétition.

Néanmoins, la seule méthode pratique exposée est encore la méthode des lieux. L'auteur cite d'ailleurs Cicéron, Métrodore et un auteur inconnu qui code un alphabet avec des noms de bêtes (il s'agit sans doute de Romberch de Kyrspe). Il utilise différentes variantes de la méthode des lieux, notamment une liste d'animaux dont l'initiale commence par chacune des lettres de l'alphabet (Afinus, Basilus, Canis, Draco..., Rinocéro..., Yena, Zacheus). Chacune des bêtes étant divisée en cinq « lieux » (parties du corps : tête, pattes, queue...), on peut atteindre ainsi plus de 100 lieux. Il ne s'agit donc que d'un système « zoologique » de lieux. Les lieux habituels sont conseillés, tels les palais publics, les demeures. Plus curieuse est la proposition d'un système de lieux constitué d'une liste de professions (avocat, médecin...) qui ne présente d'autre intérêt que de prouver que l'imagination peut produire toute sorte de lieux...

4 La Renaissance : les systèmes magiques de la mémoire connaissance

Au début du XIVe siècle, une terrible famine décime la France et d'autres pays. En 1348 la « grande peste » fait des ravages et un tiers de la population de l'Europe disparaît. La guerre de Cent Ans achève de dépeupler et de désorganiser. La classe des seigneurs féodaux est quasiment anéantie, et les serfs sont affranchis en masse. Les bourgs se développent et, avec eux, une nouvelle classe surgit, formée d'artisans, de commerçants et de négociants.

Ces bourgeois, qui vont organiser les grands voyages sur les mers, ont besoin d'idées neuves pour s'identifier : c'est la Renaissance. Cette période est riche en découvertes stimulées par le commerce : 1456, première bible imprimée par Gutenberg, 1492, découverte de l'Amérique. Les humanistes recherchent passionnément les écrits des Anciens. On veut tout savoir, tout embrasser, de même que les armateurs veulent découvrir les terres lointaines. Est à l'honneur l'esprit encyclopédique de Pic de la Mirandole (XVe siècle) qui aspire à la fusion de toutes les connaissances, à la réconciliation de la religion officielle avec la pensée des Anciens, les idées platoniciennes, la cabale – science secrète juive – et l'hermétisme, c'est-à-dire la science du Dieu égyptien que les Grecs appelaient Hermès.

Bannie des traités scolastiques de la théologie, la magie revient avec force, sans doute dans le sillage des famines et des épidémies qui incitent le paysan ou le bourgeois à croire plus au Diable qu'en Dieu. C'est dans ce climat encyclopédique et occulte qu'émergent certaines tentatives de fabriquer des systèmes magiques de mémoire. L'historienne anglaise Francès Yates (1975) a fidèlement traduit les intuitions de ces « mages » dans lesquelles le chercheur de la mémoire peut décrypter quelques intuitions remarquables, tels les codes et les indices de récupération (*cf.* 2e partie).

Le théâtre de Giulio Camillo : la capacité limitée de la mémoire

Giulio Camillo, Italien du XVIe siècle, exploita dans le contexte de son époque la méthode des lieux. Pour lui, le bâtiment qui fournit les lieux n'est plus le palais romain ni le monastère, mais le théâtre ou plutôt l'amphithéâtre, comme l'académie de Florence ou la Sorbonne. Le caractère remarquable de ce théâtre est qu'il est construit autour du nombre magique 7, intuition curieuse (ou coïncidence) du point de vue des recherches modernes sur la mémoire qui montrent une capacité limitée d'environ 7 pour la mémoire à court terme (*cf.* 2e partie).

Le théâtre est divisé (fig. 2.1) en sept travées dénommées les « sept piliers de la maison de la sagesse de Salomon » : au centre, Apollon, le Soleil, et vers les côtés, les planètes Mars, Jupiter, Saturne, Vénus, Mercure et la Lune. Dans chaque travée se trouvent sept gradins, par exemple, le banquet, la caverne, les gorgones... Dans chacun des quarante-neuf emplacements de base, est réparti un nombre de lieux, toujours inférieur à sept et évoquant une certaine partie du savoir. Ainsi, dans la caverne de la Lune, le lieu Neptune désigne ce qui se rapporte à l'eau et aux éléments composés ; dans le Prométhée de Jupiter, le jugement de Paris désigne tout ce qui se rapporte à la loi civile ; dans le Prométhée de la Lune, on trouve l'Hymen pour ce qui a trait au mariage… Selon Francès Yates (1975), Camillo intéressa vers 1530 le roi François Ier qui finança ses recherches pendant quelques années. Mais quel était son but ? L'époque moderne nous fait voir dans ce théâtre un ancêtre de la classification universelle des connaissances. Mais dans le contexte des conceptions platoniciennes de la réminiscence des idées divines, Camillo pensait sans doute que l'utilisation du théâtre donnerait à son possesseur toutes les connaissances. Or nous verrons que le meilleur plan de récupération possible est inutile, s'il n'y a rien à récupérer, il faut d'abord apprendre…

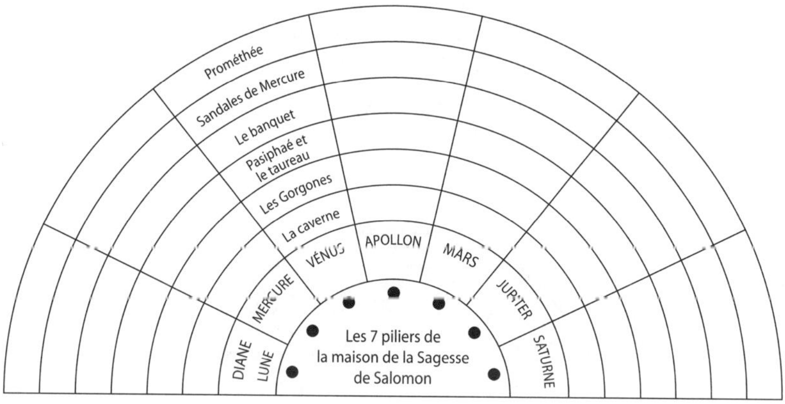

Figure 2.1
Théâtre de la mémoire de Giulio Camillo (d'après Yates, 1975).

Les rotules : les systèmes de codage

Quoique père de famille, Raymond Lulle (1235-1315) renonça au monde et se fit franciscain avec le projet de former une milice de théologiens destinés à convertir les musulmans par la dialectique. Dans ce but, il apprit l'arabe, le turc et étudia tous les systèmes philosophiques. Il conçut une méthode appelée le

Grand Art, basée sur des roues et présentant vraisemblablement par un système de roues concentriques un moyen imagé de se représenter les combinaisons de mots. Les rois se moquèrent de sa croisade spirituelle et le pape Benoît VIII le traita de fou. Il ne se découragea pas et partit seul. Après quelques premiers succès, notamment Tunis, il fut lapidé par les habitants de cette ville lors d'une seconde et fatale mission (Dezobry et Bachelet, 1857).

Différent de la méthode des lieux, le Grand Art est plutôt l'ancêtre des codes (2e partie), avec l'idée qu'une combinaison magique permet d'accéder à la connaissance divine. En effet, ces systèmes de roues concentriques (fig. 2.2) sont explicitement publiés comme procédés de cryptage de messages secrets par Trithème (1462-1516). Ce théologien, lui aussi épris de culture, fut chassé du monastère dont il était abbé par les moines dont il voulait réformer les mœurs et l'ignorance. Sa science, prodigieuse pour son temps, le fit accuser de magie. Les roues permettant de faire correspondre des lettres et des chiffres sont sans doute le système précurseur du code chiffre-lettre qui a tant inspiré les mnémonistes du XIXe siècle.

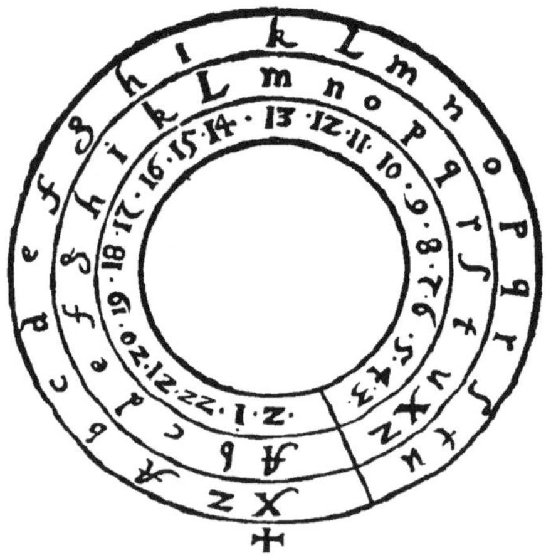

Figure 2.2
Exemple de rotules utilisées pour crypter des messages secrets (Steganographia, Trithème, Cologne, 1635).

Le « mage » Giordano Bruno poursuivit cette même quête mystique de découvrir les clés de la mémoire divine, depuis sa fuite du couvent dominicain de Naples où il était entré en 1563, jusqu'à sa mort sur le bûcher de l'Inquisition romaine. Sa vie fut une longue errance à travers l'Europe, ponctuée d'ouvrages dont *Les Ombres* et *Les Sceaux*. Malgré toute son érudition d'historienne de la Renaissance, Francès Yates éprouve des difficultés à traduire en termes modernes le jargon hermético-cabalistique du message mystique de Giordano Bruno. Pour elle, il « offre une religion, une expérience hermétique, un culte initiatique intérieur, dont les autres guides sont l'Amour, qui élève les âmes jusqu'au divin par suite d'un "furor" (frénésie) divin, l'Art, qui permet de s'unir à l'âme du monde, la Mathéisis, qui est une utilisation magique des figures, la Magie, entendue comme magie religieuse » (Yates, 1975, p. 279). Mais les prétentions de Bruno sont également scientifiques, comme il l'explique lui-même : « J'acquis un tel renom que le roi Henri III me fit appeler un jour, et me demanda si cette mémoire que je possédais et que j'enseignais était une mémoire naturelle ou si elle était obtenue par la magie ; je lui démontrais qu'elle n'était pas obtenue par la magie ; mais par la science » (*ibid.* p. 216). Néanmoins, ces paroles étant prononcées devant les inquisiteurs vénitiens, il est difficile de deviner les véritables intentions de Giordano Bruno.

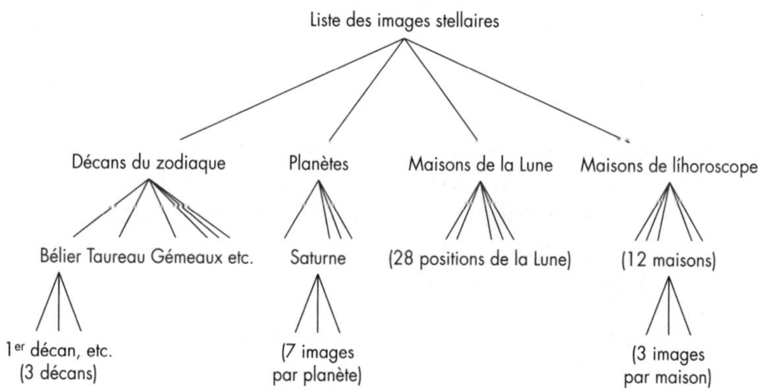

Figure 2.3

Représentation hiérarchique de la roue des images stellaires (reconstitué d'après Bruno, 1582, et la traduction de Yates, 1975).

Le système mnémonique des *Ombres*, publié à Paris en 1582, est extrêmement complexe. Il est représenté de façon spatiale comme un cercle formé de quatre rotules, système inspiré de Lulle ou Trithème. Chaque rotule (ou roue) possède deux entrées : la première est alphabétique et composée de trente cases correspondant à trente lettres (alphabet latin + lettres grecques et hébraïques) ; chacune de ces trente cases est subdivisée en cinq parties correspondant à cinq voyelles. L'autre entrée est différente pour chacune des quatre roues, mais leur principe de construction est le même : il s'agit d'un système qui, par rotation, permet de générer 150 images.

La première roue est celle des images stellaires, et l'on reconnaît un système proche de Métrodore de Scepsis dont parle Quintilien. Au total, on aboutit à 150 images dont voici quelques exemples (fig. 2.3) :

• 36 images pour les décans du zodiaque (12 signes × 3 décans).
Bélier Aa : un homme noir énorme aux yeux de feu.
Ae : une femme.
Ai : un homme qui tient une sphère et un bâton.
Taureau Ao : un homme qui laboure. Etc.

• 49 images dans les planètes ; 7 images par planète. Exemple : 1re image de Saturne : un homme à la tête de cerf sur un dragon, tenant à la main droite un hibou qui mange un serpent. Etc.

La deuxième roue est une liste du monde animal, végétal et minéral. La troisième roue est une liste, toujours de 150 éléments, mais cette fois d'adjectifs, regroupés semble-t-il de façon sémantique : Aa, noueux ; Ae, contrefait ; Ai, entortillé ; Ao, sans forme… Enfin, la quatrième roue est une liste impressionnante de 150 inventeurs, groupés par cinq (toujours les voyelles) autour d'un thème, l'agriculture par exemple :

Aa : Rhegima, l'inventeur du pain de châtaigne.
Ae : Osiris, l'inventeur de l'agriculture.
Ai : Ceres, l'inventeur des jougs.
Ao : Triptolème, l'inventeur des semailles.
Au : Pitumne, l'inventeur des engrais.
Le 150e nom est celui de Mélicus (autre nom de Simonide).

À lire ces exemples, on constate que ces systèmes aboutissaient à des centaines ou milliers d'images à mémoriser, et l'on comprend mieux pourquoi Descartes discréditera ce soi-disant art de la mémoire. Mais pour Giordano Bruno, ces systèmes sont des méthodes destinées à organiser la mémoire et à récupérer les souvenirs (2e partie) et plus généralement à organiser la connaissance : « Pour contrôler la mémoire, il est nécessaire de disposer en ordre les nombres et les éléments [...] en utilisant des formes faciles à se rappeler (les images du zodiaque) [...] Je te dis que si tu contemples tout cela avec attention, tu pourras atteindre un art figuratif, capable d'aider non seulement la mémoire mais aussi toutes les facultés de l'âme d'une manière admirable » (cité par Yates, 1975, p. 234).

Pierre de la Ramée : les arborescences et la logique

Dans le même temps où elle s'élève contre les derniers remparts de la féodalité, la bourgeoisie montante lutte contre l'Église officielle : c'est le protestantisme. En 1517, Luther proteste contre le scandale des indulgences. Mais l'Église officielle réagit. En 1542, c'est la mise en place de l'Inquisition, dont Bruno sera plus tard la victime comme Copernic et Galilée, et en 1571, c'est la constitution de la congrégation de l'Index. En 1572, le massacre de la Saint-Barthélemy arrête la progression du protestantisme en France.

En Angleterre, les conflits religieux masquent également des querelles politiques. Afin de lutter contre le complot des catholiques qui veulent mettre Marie Stuart d'Écosse au pouvoir, Élisabeth Ire provoque la séparation complète de l'Église anglaise et de l'Église romaine. Une religion calviniste devient alors religion d'État, qui s'élève contre le luxe et les dorures, ainsi que la licence des mœurs, et « censure » les images (qui, selon les conseils de la *Rhétorique à Hérennius*, doivent être sanglantes ou sexuelles).

C'est dans ce contexte européen de retour à la simplicité qu'apparaît le Français Pierre de la Ramée, né en 1515 et assassiné comme huguenot en 1572. Ce dernier fait table rase de toutes les complications d'images et de rotules magiques. Il défend l'ordre dialectique (nous dirions « logique ») exprimé par un schéma où les aspects généraux se dichotomisent en aspects de plus en plus spécifiques et individuels pour aboutir à une classification en arbre. Ce système en « arborescence » aura une longue descendance, des plans de cours ou de livres à une théorie de la mémoire (sémantique). Cette méthode pédagogique connaît un grand succès dans l'Angleterre puritaine d'Élisabeth Ire. S'inspirant fondamentalement de Quintilien, Pierre de la Ramée délaisse la mémoire artificielle basée sur les images et se fonde sur ce qui constituera la pédagogie classique, l'apprentissage par cœur (l'exercice de Quintilien) et l'agencement harmonieux des idées, que l'on appellera bien plus tard les catégories sémantiques ou logiques.

Les sceaux de Giordano Bruno : l'intuition des plans de récupération

Pierre de la Ramée influença fortement Giordano Bruno qui, mysticisme mis à part, avait l'intuition que logique et mémoire ne s'excluaient pas. Son dernier ouvrage, *Les Sceaux* (1584) est une synthèse de tous les systèmes dont Bruno a eu connaissance, et le titre rappelle que la mémoire s'imprime comme un sceau sur de la cire (Aristote). Il y a trente sceaux que Francès Yates définit comme « trente définitions des principes et des techniques de la mémoire magique, suivies par trente "explications" plus ou moins inexplicables, certaines illustrées par des diagrammes semi-mathématiques, plus ou moins insolubles. On se demande combien de lecteurs ont franchi ce barrage » (Yates, 1975, p. 267).

Le premier sceau est le « champ », c'est-à-dire la mémoire et l'imagination dont les vastes replis peuvent fournir des lieux pour les images. Ce premier sceau nous ramène donc à la méthode des lieux qui nous est familière. Le deuxième sceau est le « ciel ». Pour pouvoir « graver l'ordre et la série des images du ciel », il faut diviser celui-ci en douze parties comme dans un horoscope. Ici, nous retrouvons le système inauguré par Métrodore de Scepsis et exploité dans *Les*

Ombres. Le sceau de la « chaîne » souligne que la mémoire doit aller de ce qui précède à ce qui suit, comme les maillons d'une chaîne, ainsi que l'enseignait Aristote dans ce qui est appelé les « associations » par les philosophes anglais. Le « sceau de l'arbre » se réfère à l'arbre de la connaissance et au système de classification de Pierre de la Ramée. Le sceau de l'« échelle » est constitué par des combinaisons de roues inspirées de Lulle et Trithème. Le sceau de la « table » (n° 9) décrit l'alphabet visuel de Pierre de Ravenne (*cf. infra*) qui consiste à se rappeler des lettres grâce à l'image des visages de personnes dont les noms commencent par cette lettre. Le sceau « de la fontaine et du miroir » (n° 22) paraît à nouveau s'inscrire dans le système pédagogique de Pierre de la Ramée : « Je contemplais un savoir unique sur un sujet unique, écrit Bruno. Pour toutes ses parties principales se succédaient selon une disposition ordonnée, un grand nombre de formes principales [...] et, pour toutes les subdivisions secondaires des parties, un grand nombre de formes secondaires se reliaient aux formes principales ». La même idée est exploitée dans le sceau du « cloître cabalistique » (n° 28) qui décrit les ordres de la société du pape aux diacres, et du roi aux paysans...

Les sceaux représentent un essai, certes obscurci par les intentions magiques, de classification de systèmes pour organiser la mémoire, que l'on nommera dans les théories modernes, les plans de récupération. Du théâtre de Camillo aux sceaux de Giordano Bruno, sans doute y avait-il dans ces systèmes magiques plus que de simples techniques pour apprendre. De telles techniques ne valaient pas le bûcher, l'ambition ultime était donc d'atteindre la plénitude des connaissances au sens platonicien d'une mémoire-connaissance, réminiscence de la connaissance divine...

	Événements politiques	**Sciences, arts, etc.**	**Mémoire**
Antiquité		3000 av. J.-C. : en Mésopotamie, découverte de l'écliptique, 52 constellations dont 12 dans l'écliptique (signes du zodiaque)	
		600 av. J.-C. : en Égypte : levée héliaque et décans	Environ Ve siècle av. J.-C : origine hypothétique de la mnémotechnie en Mésopotamie.
		Ve siècle av. J.-C. : Pythagore	Ve siècle av. J.-C. : Simonide, inventeur historique de la mnémotechnie.
			427-347 av. J.-C. : Platon
		287-212 av. J.-C. : Archimède	384-322 av. J.-C. : Aristote
	73-71 av. J.-C. : révolte de Spartacus, Pompée	140 av. J.-C. : Ptolémée.	82-86 av. J.-C. : Métrodore de Scepsis (auteur inconnu, contemporain de Cicéron), *Rhétorique à Hérennius*
			54 av. J.-C. : *De Oratore* de Cicéron

☞

	Événements politiques	**Sciences, arts, etc.**	**Mémoire**
Moyen Âge	410 apr. J.-C. : destruction de Rome par les Wisigoths conduits par Alaric 511 : mort de Clovis, conquêtes arabes 732 : Martel bat les Arabes à Poitiers 800 : Charlemagne est couronné empereur 1099 : prise de Jérusalem (croisades) 1285 : avènement de Philippe le Bel 1337 : début de la guerre de Cent Ans 1348-1349 : Famine et grande peste 1357-1358 : révolte parisienne (Étienne Marcel)	Vide culturel Culture très appauvrie, essentiellement orale, conséquence des invasions barbares Art roman XIIe et XIIIe siècles : art gothique	54 av. J.-C. - Ier siècle apr. J.-C. : chapitre sur la mémoire dans les traités de rhétorique Ier siècle apr. J.-C. : Quintilien 830 : mention de la *Rhétorique à Hérennius* Xe et XIe siècles XIIIe siècle : saint Thomas d'Aquin 1235-1315 Lulle : les rotules 1416 : texte complet de Quintilien

	Événements politiques	Sciences, arts, etc.	Mémoire
Renaissance et Temps modernes			1422 : texte complet de Cicéron
	1429 : les Médicis à Florence.		
		1456 : 1re Bible imprimée par Gutenberg	
		1492 : découverte de l'Amérique par Christophe Colomb	
	1515 : avènement de François Ier, Marignan		1515-1572 : Pierre de La Ramée
	1517 : Luther contre les indulgences		
			1530 : Giulio Camillo et le théâtre de la mémoire
			1533 : Romberch de Kyrspe et les listes d'images
	1542 : Inquisition à Rome		
	1543 : congrégation de l'Index	1543 : Copernic, Des révolutions célestes	
		1550 : Du Bellay, Ronsard	
			1554 : Grataroli, Traité sur la mémoire
	1558 : avènement d'Élisabeth Ire		
	1563 : Église anglicane		
	1572 : Massacre de la Saint-Barthélemy		
			1582 : Giordano Bruno, *Les Ombres*

Événements politiques	Sciences, arts, etc.	Mémoire
1610 : assassinat de Henri IV	1609 : Kepler, astronomie nouvelle 1637 Descartes, *Discours de la méthode* 1685 : Newton, loi de la gravitation universelle	1584 Giordano Bruno, *Les Sceaux*

Tableau 2.1
Quelques repères dans l'histoire de la mémoire.

3 COMMENT L'ÉCRITURE A-T-ELLE DÉTRÔNÉ L'IMAGE ?

1 Le premier agenda : la main !

Dès le début du XVIIe siècle, apparaît avec *L'Art de la mémoire ou plustost de la Resouvenance* (Paris, 1604) une nouvelle méthode de Hierosme Marafioti, qui consiste à composer des images sur différentes parties de la main, les phalanges par exemple, et à les utiliser comme des indices permettant de récupérer des parties d'un discours. Il s'agit d'une sorte de méthode de lieux, à ceci près que les lieux sont écrits et non représentés en images dans la mémoire. La méthode est donc l'ancêtre de l'agenda ou du mémo, et porte en germe le déclin de la méthode des images par l'avènement de l'écriture. Pour tracer des abréviations ou signes sur la main, il faut écrire. Dès lors, des lieux imagés en mémoire ne sont plus utiles.

Une autre innovation importante apparaît avec l'idée de constituer ce que nous appellerions un code numérique destiné à transformer des chiffres en images ou autres symboles. Nous avons vu que Romberch de Kyrspe employait déjà les correspondances chiffres-images, mais ces correspondances paraissaient arbitraires, tandis que chez les auteurs du XVIIe siècle, la forme de chaque image ressemble à la forme d'un chiffre. Un tel code apparaît chez Ioan Baptistae Portae dans l'*Ars reminiscendi* (Naples, 1602). Voici les objets qu'il utilise (sous forme d'images) :

0 citrouille
1 couteau
2 faucille
3 arc
4 image d'un arbre en forme de 4
5 image d'un serpent en forme de 5
6 image d'un serpent en forme de 6
7 faux
8 lunettes

2 Descartes contre Schenckel

Cette technique est reprise ou peut-être inventée parallèlement par un mnémoniste célèbre de son vivant, Laurent Schenckel, dit Schenckelius, né en 1547 à Bois-le-Duc en Hollande. C'est peut-être dans la bibliothèque de son père médecin que Schenckel découvrit Grataroli, car on retrouve de nombreuses similitudes entre leurs œuvres. Après avoir été recteur d'une école publique, il parcourut l'Europe pour donner des conférences sur ses méthodes de mémoire artificielle. Ses cours connurent tout d'abord un grand succès, puis ce fut l'échec le plus complet au point de ne plus trouver d'élèves. On raconte que lorsqu'il fut à l'apogée de son art, il demanda à son disciple Martin Sommer de faire les conférences à sa place. De cette époque, il reste un très grand nombre de livres, traductions, copies (1610, 1643). Plus tard, ses ouvrages se firent rares, et l'éditeur Kluber les rassembla dans un *Compendium de Mnemonik* (1804).

L'œuvre de Schenckel est assez mystérieuse, car il écrivait dans un latin codé afin de ne livrer ses secrets qu'aux initiés. Par exemple, il inversait l'ordre des lettres, en supprimait certaines ou, au contraire, en doublait d'autres pour marquer le pluriel. Fort heureusement, une traduction en français « décrypté » a été effectuée par Adrian Le Cuirot sous le titre *Le Magasin des sciences, ou vray art de la mémoire descouvert par Schenckelius* (Paris, 1623). Dans cet ouvrage « très utile pour prêcher, haranguer, discourir & retenir toutes choses », la méthode des lieux est encore le principe de base, comme en témoigne ce conseil démagogique, pour dicter à plusieurs dizaines de personnes en même temps, de faire cinq chambres et de disposer des lieux. En fait de découvertes, il s'agit essentiellement d'un plagiat des auteurs antiques. Ainsi, les conseils prodigués pour former des images sont présentés sous forme de vingt-huit règles qui se répètent et dans lesquelles on reconnaît les préceptes de l'auteur inconnu de la *Rhétorique à Hérennius* : par exemple, la règle n° 2 est de forger des images actives, la règle n° 4 indique qu'il ne faut pas faire des images trop petites : « si les objets sont petits comme un fourmy, une mouche, il y aura une personne qui les monltrera au doigt » (p. 141). Il faut également « que les images soyent proportionnées aux parois » (règle n° 5), « que les représentations soyent difformes et ridicules pour mieux exciter la mémoire » (règle n° 9). Il est également conseillé de diviser un long texte en parties et de transformer les mots clés en images ou en abréviations, ce qui prouve que la lecture commençait à être répandue. En revanche, ce qui est nouveau par rapport à l'Antiquité, c'est le code chiffre-image, sans doute inspiré de Portae, bien que les images soient différentes :

1 cierge
2 ligne en forme de 2
3 triangle
4 carré
5 main
6 étoile
7 hache
8 calice
9 cornet
10 anneau

Enfin, en ce qui concerne les préceptes médicaux, nous trouvons beaucoup de ressemblances avec l'œuvre de Grataroli. Ainsi est-il conseillé « quelques herbes pour consommer les humeurs superflues et les dessécher, rof-marin [romarin], marioraine [marjolaine], muscades... ». Outre les « médications », l'auteur livre des prescriptions plus savantes : « lavant la teste avec du lait dans lequel on aura fait bouillir mauves, guimauves, chamomille [...] oindre icelle avec huile d'amande, chamomille meslée avec graisse de canard, d'oye et moelle de bœuf » (p. 356).

Mais au cours de ce grand siècle, Louis XIII et Richelieu, popularisé par *Les Trois Mousquetaires* d'Alexandre Dumas, la méthode rationnelle et la technique s'opposent progressivement aux illusions de la magie. La chimie permet le travail de métaux sans qu'il soit nécessaire d'ajouter de la bave de crapaud, ni d'attendre la pleine lune... Une nouvelle génération apparaît, celle des savants, représentée par Descartes. Le philosophe célèbre la raison et condamne la méthode des images et les roues magiques à se tapir dans leur antre à odeur de soufre. Ainsi, la mémoire est-elle remarquablement absente des œuvres de Descartes. Et lorsqu'il en parle, c'est pour terrasser Schenckel :

> En parcourant les fécondes sottises de Lambert Schenckel [son livre sur l'art de la mémoire], j'ai réfléchi qu'il me serait facile d'embrasser par l'imagination tout ce que j'ai découvert : à

> savoir, par le moyen d'une réduction des choses aux causes ; lesquelles toutes réduites finalement à une seule, il est clair qu'il n'est nul besoin de la mémoire pour toutes les sciences. Car qui comprendra les causes, reformera en son cerveau, par l'impression de la cause, des fantômes tout à fait effacés. Tel est le véritable art de la mémoire, tout à fait opposé à l'art de cet imbécile : non que son art soit sans effet, mais il envahit tout le papier qu'il faudrait employer mieux et il ne s'établit pas dans le bon ordre ; lequel ordre consiste en ce que les images soient formées selon des rapports de dépendance réciproque. Quant à lui, il omet précisément, je ne sais s'il le fait exprès, ce qui est la clé de tout le mystère (*Cogitationes Privatae*, 1619-1621, cité par Yates, 1975, p. 400).

Descartes pense qu'une meilleure méthode serait de réunir les images « toutes ensemble en une seule image » et semble défendre ainsi des méthodes déjà proposées par Quintilien et Pierre de la Ramée, basées sur l'organisation logique, les catégories et hiérarchies qui, nous le verrons, s'avèrent très efficaces.

3 Les premiers procédés phonétiques : la censure du Roi-Soleil

Un peu plus tard, est publié un ouvrage original qui rompt complètement avec les méthodes basées sur les images et prend en compte l'évolution sociale vers une suprématie du langage. Claude Buffier présente dans sa *Pratique de la mémoire artificielle* (Paris, 1705-1706) une méthode qui s'inspire sans doute des grandes pièces de théâtre rimées de Corneille et Molière et qui consiste à enseigner l'histoire par des vers rimés résumant des événements historiques importants. Voici quelques vers relatifs à des faits marquants réalisés par les premiers rois de France avec la date correspondante :

> 420 Ses Loix en quatre cens Pharamond introduit.
> 428 Clodion Chévelu qu'Aetius vainquit.
> 448 Mérové avec lui combattit Atila
> 457 Childeric fut chassé, mais on le rapela[1].

1. L'auteur a respecté l'orthographe de l'époque pour ses quatre vers.

Cette somme, qui devait comporter quatre tomes, a été interdite après la parution du second par ordonnance royale, tout simplement parce que « l'examinateur a laissé par inadvertance insérer des choses contraires à la vérité, préjudiciables à l'État, opposées aux maximes du Royaume, aussi bien qu'à l'ancienne doctrine du clergé ». On ne badinait pas avec la censure sous le règne du Roi-Soleil…

4 L'invention du code chiffre-lettre

Fondé par les rotules de Lulle, Trithème et Giordano Bruno – le mathématicien Leibniz s'intéressa au Grand Art de Lulle, lorsqu'il était conservateur de la bibliothèque de Hanovre –, le code chiffre-lettre devient une mode, probablement motivée par la nécessité de mémoriser des nombres. Auparavant, des images ont bien été utilisées pour mémoriser la forme des chiffres, ce qui annonce le début de l'écriture, mais non des suites de nombres. Il est possible que le code chiffre-lettre ait été inventé parallèlement par plusieurs auteurs, car les rares citations ne convergent pas, certains livres citant un certain Winckelman (notamment le très sérieux historique de l'Américain Middleton, 1888), d'autres un certain Gray (en fait Richard Grey) et enfin celui qui en a l'antériorité, Pierre Hérigone, dont j'ai trouvé la trace dans une compilation des ouvrages sur la mémoire (Young, 1961).

Les mathématiciens et le code chiffre-lettre

L'invention du code chiffre-lettre apparaît dans un court chapitre de l'énorme *Cours de mathématique* en plusieurs volumes de Pierre Hérigone, mathématicien sous le règne de Louis XIII et la régence de Louis XIV. L'édition que j'ai consultée (bibliothèque de la Sorbonne) et qui date de 1644 s'intitule *De l'arithmétique mémoriale* et commence ainsi : « À cause que les noms ne sont pas si difficiles à retenir que les nombres, principalement s'ils sont grands & que les noms propres nous font ressouvenir des épithètes : j'ay estimé que ce ne seroit chose inutile de faire un alphabet, par le moyen duquel on peut changer tout nombre proposé en des noms faciles à prononcer » (volume II, partie arithmétique, p. 136). Voici ce code :

Chiffres	Consonnes	Voyelles	ou Syllabes
1	p	a	
2	b	e	
3	c	i	
4	d	o	
5	t	u	
6	f	ar	ra
7	g	er	re
8	l	ir	ri
9	m	or	ro
0	n	ur	ru

Notons que, dans ce code, le R n'est pas codé, car il sert à ajouter cinq syllabes pour compléter le code ; en effet, il y a dix chiffres et seulement cinq voyelles. Grâce à ce code, on peut transformer les nombres complexes à mémoriser en mots. Par exemple, la date 1632 peut être codée dans les mots suivants en choisissant, à son gré, une consonne, une voyelle ou une syllabe, de façon à trouver des mots plus faciles :

	1	6	3	2
	p	ar	c	e
ou	p	ra	c	e
ou	a	f	i	e

L'une des applications qu'en donne Pierre Hérigone est une longue chronologie universelle, dont voici seulement quelques exemples :

Adam	3949	imom
Déluge	2293	ebroc
Abraham	2000	enrun
Olympiades	776	regar
Rome	752	rete

La synthèse sérieuse de l'Américain Middleton (*Les Systèmes de mémoire, anciens et nouveaux*, 1888) est complétée par une bibliographie élaborée par un certain Fellows qui cite comme inventeur du code chiffre-lettre l'Allemand Stanislas Mink Von Venussheim, dit Winckelman, dont l'ouvrage *Parnassus* aurait été publié en 1648. S'agit-il du même homme ou d'une confusion, personne ne le sait. J'ai moi-même trouvé des « livres » (British Museum et Cambridge Library) dont un opuscule où le nom de Winckelman est écrit au crayon (probablement par un bibliothécaire ne sachant à qui l'attribuer) et un autre que l'on devrait à un Johan Justus Winckelman, auteur d'une *Introducio mnemonica*, mais qui, quoique datée de 1652, ne contient aucune trace d'un code chiffre-lettre. Le code de Winckelman (ou de Mink Venusheim), tel qu'il est mentionné par Fellows, semble donc postérieur à celui d'Hérigone (1644), mais il aura une longue descendance grâce à une astuce qui rend ce code plus souple. Il ne contient que des consonnes, de sorte que l'utilisateur « remplit » l'espace entre les consonnes par les voyelles de son choix de façon à forger les mots les plus commodes :

1	**2**	**3**	**4**	**5**	**6**	**7**	**8**	**9**	**10**
B	C	F	G	L	M	N	R	S	T
P	K								
W	Z								

Je ne donnerai qu'un seul exemple, car nous verrons que si le principe de ce code a été largement utilisé, le choix des consonnes a été amélioré par la suite. Par exemple, si je me rappelle que le code de Winckelman a été inventé vers 16... et que je désire me rappeler la fin de la date « 48 », je code ce nombre dans les lettres G (= 4) et R (= 8) et je cherche des voyelles pour faire un mot facile à mémoriser, par exemple « GueRRe » (le second R ne se prononçant pas ne se code pas). D'après Middleton, le célèbre mathématicien Leibniz serait l'auteur d'une variante très proche du code de Winckelman (vers 1677). Contrairement à Descartes, Leibniz connaissait très bien les traditions de l'art de la mémoire et s'y référait souvent (*cf.* Paolo Rossi, cité par Yates, 1975). Dans les roues de Lulle, il y voyait moins la magie que des combinatoires, de même qu'il discernait dans les abréviations mathématiques des symboles pour se rappeler. Voici le code de Leibniz :

1	2	3	4	5	6	7	8	9	0
B	C	F	G	L	M	N	R	S	D
P	Q	V							T
W	K								
	Z								

Ces changements pourraient être considérés comme mineurs, si on ne savait pas que Leibniz, esprit universel, s'intéressait également à la linguistique (philologie). On remarque que les changements consistent généralement à ajouter des consonnes qui présentent un son analogue pour le même chiffre (D et T ; Q, C et K ; F et V), procédé qui sera perfectionné dans le système français. Ainsi les mathématiciens, dans un but plus pratique que magique, se servent des rotules dans leur fonctionnement le plus abstrait, le code.

Le succès anglais du code chiffre-lettre

Tous ces codes n'ont guère été connus en leur temps, comme le prouvent les difficultés à retrouver leur trace (par exemple, le code de Leibniz n'existe que sur des notes manuscrites), alors qu'un système anglais, rappelant le code de Pierre Hérigone, rencontre un certain succès. Ce code paraît pour la première fois en 1730 dans un ouvrage en anglais (malgré son titre en latin), *Memoria Technica or A New Method of Artificial Memory* (Une nouvelle méthode de mémoire artificielle). L'ouvrage est anonyme et porte la mention de Gray à la Bibliothèque nationale à Paris, raison pour laquelle les mnémonistes français citent ce nom (Courdavault,

1905 ; Germery, 1911). En Angleterre, *Memoria Technica* existe dans des versions ultérieures, et j'ai pu dénicher à la bibliothèque universitaire de Cambridge une sixième édition parue en 1781 où le nom de Richard Grey est écrit à la main. Mais dans une édition plus tardive de 1812, le nom de Richard Grey est enfin imprimé en tête d'ouvrage, d'ailleurs en gros caractères, et associé au titre de docteur, ce qui laisse supposer que l'auteur a abandonné son anonymat, lorsque son succès fut largement établi. C'est donc par tradition orale que son nom est parvenu en France avec une déformation phonétique (Gray).

Le succès de la méthode est également visible, puisqu'elle inspirera de nombreux auteurs, notamment Watts ou Lowe... Cette soi-disant « nouvelle » méthode de mémoire artificielle est le code chiffre-lettre, déjà inventé par Hérigone près d'un siècle plus tôt (en 1644). Que Grey ait connu le procédé d'Hérigone, ne serait-ce qu'indirectement par un récit oral (comme cela se pratiquait beaucoup), ou qu'il s'agisse d'une découverte parallèle, toujours est-il que, à l'instar du code d'Hérigone, le code de Grey fait correspondre les chiffres à la fois aux consonnes et aux voyelles. En revanche, la correspondance n'est pas totalement arbitraire :

Chiffres	**Consonnes**	**Voyelles ou syllabes**	**Justification**
1	b	a	b = 1re consonne
2	d	e	d = duo
3	t	i	t = *three* (trois en anglais)
4	f	o	f = *four* (quatre en anglais)
5	l	u	L = 50 en chiffres romains
6	s	au	s = six et a + u = 1 + 5
7	p	oi	(*septem*) et o + i = 4 + 3
8	k	ei	(*ohtô*) et ei = *eight* (8 en anglais)
9	n	ou	n = *nine* (9 en anglais) et o + i = 4 + 5
0	z	y	dernières consonne et voyelle

Pourtant, le code et sa justification ne sont pas si évidents, et c'est un défaut courant de certaines méthodes qui, censées aider la mémoire, viennent la perturber assez souvent… Quoi qu'il en soit, le principe de la méthode, plus élaboré cette fois que chez Hérigone, consiste non seulement à coder le nombre que l'on veut retenir mais à l'associer à la première ou les premières syllabes du mot clé auquel on veut associer le nombre. Par exemple, si l'on veut se rappeler que le diamètre du soleil est estimé (à cette époque) à 822 148 miles, on pourra utiliser la formule suivante odi-ked-afei, dont la construction est la suivante :

Sol	di	ked	afei
Soleil	diamètre	822	148

On notera néanmoins que la composition des voyelles « ei » peut induire en erreur, car elles peuvent être codées à la fois comme « 8 » ou comme « 23 » sous forme de voyelles séparées. C'est certainement pour cette raison (et pour la souplesse de construction) que les mnémonistes français ont supprimé les voyelles. Pourtant, Grey a généralisé sa méthode à tous les domaines de la connaissance. Le livre étant en fait un recueil d'exemples, les lecteurs devaient avoir l'illusion de devenir aussi savants qu'un astronome ou un historien en apprenant des formules de ce genre. Par exemple, pour mémoriser la liste des douze César et les dates de leur avènement, l'auteur propose, dans un premier temps, les formules suivantes :

1	JULIUS	– 46	JULlos
2	AUGUSTUS	– 25	AUGUSTel
3	TIBERIUS	15	TIBERbu
4	CALIGULA	38	CALIGULik
5	CLAUDIUS	42	CLod
6	NERO	55	NERul
7 & 8	GALBA/OTHO	69	GALB-OTHOsou
9 &10	VITELLIUS/VESPASIAN	70	VIT-VESPoiz
11	TITUS	79	TITpou
12	DOMITIAN	81	DOMITka

Dans un second temps, il arrange ces formules en deux vers (*memorial lines*) :

JULIos AUGUSTel TIBERbu CALIGUlik CLod
NERul GALB-OTHOfou VIT-VESPoiz TITpou DOMITka

Sans préjuger pour l'instant de l'efficacité ou de l'utilité de la méthode (*cf.* 3e partie), l'intérêt des codes chiffre-lettre par rapport aux méthodes basées sur les images est de permettre la mémorisation de connaissances, les nombres, dates, distances, etc. Mais, le code de Grey est complexe avec l'utilisation des voyelles. Aussi ce seront les innovations d'un autre mnémoniste, à la charnière entre les XVIIIe et XIXe siècles, qui seront véritablement à l'origine des systèmes de mémoire en vogue durant tout le XIXe siècle sous le nom de mnémotechnie. Cet homme se nomme Grégoire de Feinaigle.

4 ET LA MNÉMOTECHNIE APPARUT...

1 Le mystérieux Grégoire de Feinaigle

Un mystère plane autour de Grégoire de Feinaigle, ou Gregor von Feinaigle, dont j'ai tout d'abord trouvé le nom orthographié avec des erreurs : « Fainegle » ou « Fenaigle ». Et pourtant, il semble qu'il était un mnémoniste extrêmement réputé à son époque. Il diffusait sa méthode grâce à des cours et conférences qu'il donnait dans toute l'Europe. Préférant vivre de ses conférences plutôt que d'hypothétiques revenus d'auteur (Mozart et Alexandre Dumas moururent dans la misère), il ne publia ses méthodes dans aucun livre, ce qui lui valut d'être oublié par la suite selon l'adage « les paroles s'envolent, les écrits restent »... Seuls des sortes de « tracts publicitaires », telle sa « Notice sur la mnémonique » (1806), furent imprimés sous son nom.

Heureusement, des disciples publièrent des traités à partir de notes de cours, qui permettent de nous représenter de façon assez complète le système astucieux de Feinaigle. J'ai mis la main sur deux traités de ce type : l'un se cache en Angleterre (bibliothèque universitaire de Cambridge) et a été publié pour la première fois en 1812 à Londres (Feinaigle y avait fait une série de conférences en 1811), l'autre en France (Bibliothèque nationale), édité par Thomas Naudin en 1800. Le traité anglais est titré *Le Nouvel Art de la mémoire, basé sur les principes enseignés par M. Gregor von Feinaigle*. Un avertissement le définit comme la somme de quinze conférences d'après des notes de cours de l'éditeur. Ce dernier (peut-être John Willard, nom écrit au crayon sur l'ouvrage) cite comme prédécesseurs de Feinaigle, Schenckel, Grataroli et Grey. Le contenu du livre est le même que celui de l'ouvrage français intitulé *Traité complet de mnémonique*. S'il renferme un grand nombre de techniques basées en partie sur l'imagerie et la méthode des lieux, il présente surtout des innovations à partir du code chiffre-lettre.

La méthode des lieux

Au début de l'ouvrage, figure un frontispice représentant dix-huit maisons de dix chambres chacune, avec divers symboles. Chaque maison représente un siècle, et les symboles les événements clés de l'histoire. Ce procédé est dans la pure tradition de la méthode des lieux de l'Antiquité.

Le code chiffre-image

C'est ensuite la technique de Schenckel (en réalité inventée par Portae) qui est présentée, mais elle est généralisée aux 100 premiers nombres, ce qui indique la grande imagination de Feinaigle. Dans l'original, ce sont des dessins qui sont représentés, mais la relation avec les chiffres n'est pas toujours imagée, même si elle est fréquente, certaines relations sont phonétiques et d'autres sémantiques. En voici quelques exemples :

1 observatoire (analogie imagée)
2 cygne
3 rempart (de Troie, analogie phonétique)
4 miroir (4 côtés, analogie sémantique)
5 fauteuil
6 cor de chasse
7 faux
9 poêle
10 échelle
20 une oie dans un plat
80 un calice avec une hostie
99 un arbre avec une pomme
100 une balance

Dans cette première partie de l'ouvrage de Feinaigle, les techniques sont basées sur l'image, mais dans les autres parties, elles sont verbales et fondées sur le code chiffre-lettre.

Le code chiffre-lettre

Le principe du code de Feinaigle est celui de Winckelman et non ceux d'Hérigone et de Grey, c'est-à-dire que seules les consonnes codent les chiffres :

1	2	3	4	5	6	7	8	9	0
T	N	M	R	L	D	C	V	P	S
TH			RH			K	B	PH	Z
						G	H	F	X
						Q			
						CH			

Voici deux applications de ce code : le codage des nombres en mots et la formule.

• Le codage des nombres en mots

Soit le nombre 5 473 297 743 à apprendre. L'auteur conseille de le découper en groupes de deux chiffres et de coder chacun d'eux en lettres d'après le code précédent. Nous obtenons, par exemple, les groupes de lettres « l r c m… » qui suggèrent différents mots en « remplissant » les consonnes par les voyelles de son choix : « larmes, chameau, Napoléon, coquette, ramoneur ».

Je reprends l'exemple de Feinaigle pour montrer que son application n'est pas sans ambiguïté. Seules les deux premières consonnes de chaque mot servent à coder chaque nombre de deux chiffres ; par exemple, dans Napoléon, « Napo » code 29, mais la fin du mot « léon » ne sert que de remplissage. Le code de Feinaigle, contrairement à ses successeurs, n'est donc pas systématique. Une autre difficulté est qu'il n'y a pas d'ordre entre les mots, ce qui ne permet pas de rappeler les nombres dans le bon ordre. L'auteur conseille donc d'associer chaque mot avec une image de la liste du code chiffre-image. Par exemple, on imaginera un prisonnier dans l'observatoire qui verse des larmes, un chameau se désaltérant dans une rivière où nage un cygne, Napoléon devant des remparts, une coquette se regardant dans un miroir, et enfin un ramoneur dans un fauteuil. Le procédé n'est pas simple, comme on le constate, sauf dans le cas d'une date qui peut être transformée en un seul mot. Nous verrons combien ce procédé a été largement développé par la suite.

• La formule

Une autre façon d'employer le code chiffre-lettre est de n'utiliser que l'initiale des mots et de les choisir de façon à faire une phrase aussi facile que possible. Selon ce principe, Feinaigle propose pour coder le nombre 9 563 083 169 la phrase : « Fuis loin de mes yeux, évite-moi ton odieuse présence. » Néanmoins, même dans cet exemple simple, le codage n'est pas sans ambiguïté, puisque le chiffre 0 est codé par la liaison phonétique « z » de « mes yeux » qui n'apparaît pas graphiquement.

Jusqu'à présent, les techniques présentées, à partir du code chiffre-lettre ne sont pas tout à fait originales, puisque Hérigone ou Grey les ont déjà présentées. La dernière technique semble être vraiment l'invention originale qui a fait la célébrité de Feinaigle. Elle aura une longue descendance chez les mnémonistes français, anglais et américains. Cette technique que l'on trouve toujours dans les livres promettant une mémoire prodigieuse, c'est la table de rappel.

La table de rappel

Le principe, astucieux, consiste à construire une liste de 100 mots clés, à partir du code chiffre-lettre, qui codent les 100 premiers nombres. En voici quelques exemples :

0	as	10	tison
1	tué	11	tête
2	âne	...	
3	ami	34	miroir
4	or	99	pape

L'utilisation de cette table s'effectue en deux temps : apprentissage par cœur de la table, comme un alphabet (à noter que n'importe quelle technique suppose des étapes d'apprentissage par répétition) ; puis apprentissage de chaque mot de la liste à mémoriser en liaison avec les mots clés. Pour reprendre une terminologie plus moderne (*cf.* 2e partie), les mots de la table de rappel sont des indices numériques de récupération, car ils permettent non seulement de récupérer les mots auxquels ils étaient associés, mais encore de rappeler chaque mot en fonction de la position numérique exacte, ce qui peut impressionner.

Imaginons, par exemple, une liste de 100 mots à mémoriser dont le 34e mot est « chat », nous pouvons imaginer un chat se coiffant dans un miroir. Nous pouvons dès lors accéder directement au 34e mot de la liste par « miroir » (= 34). Si le procédé n'est pas très utile en pratique, sauf pour le mnémoniste se produisant en public, il est du moins très astucieux du point de vue des mécanismes de la mémoire qui ne seront découverts scientifiquement qu'un siècle et demi plus tard. N'oublions pas que Feinaigle vivait à l'époque de ce Napoléon qu'il utilise dans l'un de ces exemples. Et imaginons, à une époque où ni le cinéma, ni la télévision n'existaient, des spectateurs qui voyaient sur scène un mnémoniste capable d'apprendre 100 mots énoncés par le public et de les rappeler avec leur numéro d'apparition. Tel un démonstrateur de foire, Feinaigle devait donner l'illusion que sa méthode pouvait s'appliquer à tous. Mais Chopin et Liszt devaient aussi donner l'impression que jouer du piano était facile…

2 La « sténo » de la mémoire

Dans le sillage des inventions technologiques, le XIXe siècle est le siècle des techniques de la mémoire. Sous le terme de « mnémotechnie » (technique de la mémoire), manuels et traités connaissent un engouement sans précédent, même si, tels des dinosaures, ils appartiennent à une race qui s'éteindra prochainement. Ces manuels se succèdent en se plagiant, parce que les usages scientifiques actuels de citer les prédécesseurs ne sont pas encore établis, et que certains auteurs refusent de publier les secrets dont ils vivent comme mnémonistes professionnels – souvenez-vous de Schenckel et de Feinaigle. Je décrirai essentiellement les auteurs principaux du courant français, car, à cette époque, le rayonnement est européen. Les mnémonistes américains, tels Coglan, Jackson, Gayton, Day, Brayshaw, Loisette, ont été inspirés par des mnémonistes anglais mais aussi français : Brayshaw par les frères Castilho, Loisette par Chavauty.

Aimé Paris

Le chef de file de l'école française est un professeur de musique vivant sous Napoléon III et dont le nom, Aimé Paris, paraît sortir d'une opérette d'Offenbach (encore petit garçon à cette époque). Très admiratif de la nouvelle méthode de sténographie qui permet d'écrire à grande vitesse en ne représentant que les sons consonantiques (les voyelles sont déduites d'après le contexte sémantique), Aimé Paris rêve d'inventer une « sténo » de la mémoire.

Dans la technique sténographique (en réalité, il en existe plusieurs), un signe désigne un son consonantique « r » ou un groupe de consonnes (B ou P), les voyelles étant indiquées par un petit signe correctif (i est un point ; une petite barre précise les sons « ien » ou « ian »). La caractéristique principale de la méthode de Paris et, à sa suite, de toute l'école française, c'est l'usage intensif du code consonantique pour le code chiffre-lettre. Dans son *Exposition et pratique des procédés de la Mnémotechnie* (Paris, 1825), il reproduit néanmoins la table imagée de Feinaigle (1 : observatoire ; 2 : cygne..., 100 : balance), mais n'utilise plus la méthode des lieux. En revanche, il perfectionne le code chiffre-lettre en faisant correspondre aux chiffres non pas des consonnes arbitraires, mais des groupes consonantiques apparentés d'après les règles phonologiques. Ces perfectionnements phonologiques seront définitivement adoptés.

0	1	2	3	4	5	6	7	8	9
s	t	n	m	r	l	ch	k	f	p
z	d	gn				j	gu	v	b

Aimé Paris fournit également une phrase clé destinée à se souvenir du code, qu'il faut cependant apprendre par cœur :

Ton	ami	relâché	qui	vient	peu	ici
1 2	3	4 5 6	7	8	9	0

Remarquons que le code est basé sur les sons consonantiques qui se prononcent. Ainsi le 2 est codé par la liaison « to**na**mi », alors que le t de « vient », n'étant pas prononçable, ne code aucun chiffre. Paris développe alors les applications inaugurées par ses prédécesseurs, notamment Feinaigle qu'il cite, mais nous en verrons des exemples plus spectaculaires par leur démesure chez les plus célèbres mnémonistes, les frères Castilho et l'abbé Moigno.

Le tableau chronologique des rois de France des frères Castilho

José Féliciano et Alexandre Magno Castilho reprennent complètement les principes de Paris dans leur *Traité de mnémotechnie* (1835). Ils y développent une application délirante permettant, selon eux, de mémoriser les soixante-quinze rois de France avec leur position chronologique, les événements importants de leur règne, la date de leur avènement au trône, la manière dont ils sont morts – la date de la mort étant celle de l'avènement du roi suivant et la durée du règne étant la différence entre la mort et l'avènement : c'est le « tableau chronologique mnémonisé des rois de France ». Les cinq informations sont codées soit phonétiquement, soit par le code chiffre-lettre d'Aimé Paris, le tout faisant une phrase appelée « formule ». Voici quelques exemples, typiques ou amusants, de formules avec des explications ou commentaires critiques.

> Le roi nous a fait don d'un phare ; pour le voir aux bords de l'eau salée, amis, réunissons nous.

Il y a dans cette phrase cinq mots clés : *don* signifie 1 d'après le code chiffre-lettre, c'est-à-dire le 1er roi de France ; *phare* est un indice phonologique (première syllabe) rappelant le nom Pharamond ; *salée* rappelle par le même principe d'indice phonologique le fait marquant du règne, la loi salique ; *réunissons* code 420 (r = 4, n = 2, ss = 0), la date de l'avènement au trône ; enfin, *nous* code phonétiquement le genre de mort, naturelle.

> Néron, plus féroce qu'une chatte, avait une grande rosse lombarde qui convenait moins à un empereur qu'à un chiffonnier.

Néron (n = 2, r = 4) code le 24e roi, qui est le célèbre Charles le Grand, autrement dit Charlemagne, *chatte* codant phonétiquement Charles et *grande* Le Grand ; *rosse* désigne la bataille de Roncevaux et *lombarde* la défaite des Lombards ; *empereur* rappelle que Charlemagne a été couronné empereur. La suite est plus compliquée, puisqu'il faut séparer la dernière syllabe *qu'à un chiffon…* codant la date d'avènement, 768 (k = 7, ch = 6, f = 8), alors que *nier* code phonétiquement la mort naturelle (n = naturelle).

> La femme de Lelong prenait tous les jours son châle et allait sagement sur les bords avec de quoi manger un peu.

Une dernière formule montre des exemples typiques d'erreurs pouvant être commises. *Lelong* ne code pas le roi Philippe Lelong, comme on pourrait le penser, mais le 55e roi dont le nom est codé par *châle* et *sagement* : il s'agit de Charles le Sage (Charles V) ; *bords* code phonétiquement (par l'initiale) Bertrand Dugesclin qui est l'événement marquant du règne ; la date de l'avènement au trône est codée de façon ambiguë par la liaison non évidente *gerun* de « manger un », soit 1364, (g = 6 et r = 4, il faut deviner le début de la date 13… qui n'est pas codé) ; enfin, le *peu* code phonétiquement, quoique lointainement, « empoisonné », qui a été la fin de ce pauvre roi.

Et il en va ainsi pour soixante-quinze formules, dont celles-ci vous sont livrées… pour mémoire :

> – Mérovée : Traversant les monts et les mers de l'Atlas, je suis hier revenu.
> – Childéric : Des rayons de Grecs forment, autour du front déridé de la vierge, une auréole jaune.
> – François Ier : Au lieu d'être faux comme un jeton, sois franc, toi ; et comme en qualité d'homme de lettres, tu ne vaux pas une cerise, deviens du moins bon marin, honore ton pavillon et sois utile à la lignée.
> – Louis XIV : Un chiffon serait pour toi mon ladre, une grande trouvaille, une espèce de trésor ; fou, qu'est-ce que tu ne ferais pas pour l'avoir ? Tu aurais même le front de le voler à ta cousine germaine.
> – Napoléon : Le canon de Napoléon lui a procuré le surnom de grand ; certes ce n'est pas un faux surnom. (Et les auteurs ajoutent : « Ce règne étant très fertile en événements que tout le monde connaît d'ailleurs, nous avons jugé inutile de les mnémoniser… »)

Sans exclure l'utilité occasionnelle du code chiffre-lettre, l'application des frères Castilho présente de graves inconvénients :

– il y a une surcharge énorme de mémoire, puisque de nombreuses informations de « remplissage » viennent s'ajouter aux informations clés ;

– il est difficile de discriminer les mots clés codant des informations, des mots de remplissage. Ainsi, dans le premier exemple « Le roi nous a fait don… », « le », désigne le 5e roi (l = 5), « roi » le 4e roi (r = 4), « nous » le 2e roi (n = 2) et « fait » le 8e (f = 8) ;
– il est également très difficile de se souvenir des mots clés dont le code est phonétique et ceux qui codent des chiffres. Si je crois me rappeler que « manger » code l'avènement de Charles V, je vais trouver 36 (donc 1336 alors que la vraie date est 1364) ;
– la difficulté est renforcée par le fait que le code est représenté parfois par des mots coupés : « qu'à un chiffon… » pour Charlemagne ou « ger un » pour Charles V (qui accumule toutes les difficultés, comme s'il ne lui suffisait pas d'avoir été empoisonné) ;
– une critique, déjà signalée par Germery (1911), porte sur les erreurs de rappel, en s'appuyant sur les premières études expérimentales de la mémoire des phrases d'Alfred Binet et de Victor Henri (1894), qui montraient des substitutions ou des synonymes dans le rappel à long terme ; si la phrase « la femme de Lelong » devient « la femme de Legrand » ou de « Lecourt », le décodage sera complètement erroné ;
– enfin, ce tableau d'une folle complexité à mémoriser ne permet d'apprendre que les faits relatifs à soixante-quinze rois, alors que les connaissances scolaires portent sur des milliers de notions (Lieury, 1997).

Il est amusant de constater l'aveuglement de certains charlatans qui, comme les frères Castilho, prétendent aider la mémoire en la surchargeant de phrases sans signification avec tant de mots codés et de règles ambiguës. Comment quelqu'un qui cherche un moyen d'aider sa mémoire pourrait-il apprendre ces soixante-quinze phrases complexes et absurdes ?

Mémoriser le nombre Pi avec 128 décimales…

Pour de nombreux auteurs (Courdavault, 1905), l'abbé Moigno fait figure d'« illustre témoin ». Moigno raconte lui-même dans divers ouvrages, en particulier dans son *Manuel de mnémotechnie* (1879), que José Castilho lui a révélé ses secrets et qu'en quelques mois, il a appris « 500 faits mémorables de l'histoire universelle ; la liste des rois de France avec leur surnom, la date de leur avènement au trône, les faits saillants de leur règne, la date et le genre de leur mort ; les listes des rois d'Angleterre, d'Espagne, du Portugal, d'Allemagne, avec les dates de leur couronnement et de leur mort ; le tableau des 250 papes avec la date de leur avènement au trône pontifical [...] ; la liste par ordre alphabétique des départements de France, avec leur population, le nom et la population des chefs-lieux ; les altitudes des montagnes, cols et passages [...] ; les dates des inventeurs [...] le catalogue des saints les plus célèbres, la série des ordres religieux avec les noms des fondateurs et la date de la fondation ; les conciles généraux [...] les hérésies [...] le calendrier perpétuel... » Et l'abbé Moigno d'ajouter : « D'une ignorance presque crasse, j'étais passé à une science vertigineuse ; je pouvais répondre instantanément à quelque chose comme 10 000 questions [...] j'étais devenu pour moi-même un mystère et un phénomène effrayant. N'était-ce pas en effet un exercice au-dessus des forces humaines, quand on me demandait les noms du 10e, du 121e du 177e pape que de pouvoir nommer immédiatement Anicet, Laudon, Innocent IV... » On connaît à présent sa méthode, c'est la mémorisation à l'aide de centaines de phrases stupides à la manière des frères Castilho, des centaines de dates concernant les rois de divers pays, des papes, des conciles, des saints...

À l'instar de bien des mnémonistes précédents – Quintilien avait déjà critiqué ce procédé chez Métrodore –, Moigno prétend que ses prouesses ne sont dues qu'à sa méthode : « tous, par la méthode dont je me fais l'écho, peuvent arriver à des résultats relativement extraordinaires. Je le maintiens d'autant plus que ma mémoire naturelle n'avait rien d'insolite et qu'elle s'était toujours montrée rebelle aux chiffres et aux dates qu'elle s'est assimilée de façon mnémoniquement par milliers et par milliers ». Pourtant, comme nous l'avons vu, il faut des capacités particulièrement extraordinaires pour se rappeler par cœur des centaines (voire des milliers comme il le dit) de phrases sans signification. Mégalomane, Moigno prétendait que le célèbre astronome Arago le jalousait : « Un jour comme pour prendre sa revanche, Arago se vanta de savoir par cœur les seize premiers chiffres du rapport de la circonférence au diamètre [le nombre pi] et il se mit à les énumérer. Que vous êtes mal tombé, Maître, m'écriai-je ! Je sais le rapport de la circonférence au 60e, je vous dirai, 4, 4, 5, 9, 2, 3, 0, 7, 8, 1. Il m'arrêta presque courroucé. » Sa mystérieuse méthode est une généralisation de la « formule » inventée par Feinaigle, mais avec le code d'Aimé Paris qu'il détient des frères Castilho, il compose un étrange poème dont les mots codent les 128 chiffres du nombre pi :

1.	Maint	terriers	de	lapins	ne	gèlent.			
	3	14	1	59	2	65			

2.	Ma	loi	veut	bien ;	combats	mieux ;	ne	méfaits.	
	3	5	8	9	7 9	3	2	3 8	

3.	Riants	jeunes	gens,	remuez	moins	vos	mines.		
	4	6 2	6	4 3	3	8	3 2		

4.	Qu'un	bon	lacet	nous	fit	voir	à	deux	pas.
	7	9	5 0	2	8	8	4	1	9

5.	Que	ton	jabot	moins	bombé	m'écoute.			
	7	1	69	3	9 9	3 7 1			

6.	Ton	soliveau	ne	s'est	pas	corrompu.			
	1	058	2	0	9	7 4 9			

7.	Rends	roulant	bien	nos	mises	convoitées.			
	4	4 5	9	2	3 0	7 8 1			

8.	Cher	à	ses	gens,	ni	fâcheux	ni	sans	foi.
	6	4	0	6	2	8 6	2	0	8

9.	Beaux	biens	viagers	nos	voisins	n'ont	ravi.		
	9	9	8 6	2	8 0	3	4 8		

10.	Nous	l'aimerons	ne	tendant	qu'à	sa	joie.		
	2	5 3 4	2	1 1	7	0	6		

11. Combien venus dérivent sans jalons.
7 9 8 2 1 4 8 0 6 5

12. Là témoigne vainement sans changer.
5 1 3 2 8 2 3 0 6 6

13. Air qui sait bien me faire enrager.
4 7 0 9 3 8 4 4 6

En réalité, l'apprentissage de ces vers n'est pas suffisant, car il faut les associer à un numéro d'ordre dans le but (pour faire sensation car cela ne présente aucun intérêt mathématique) de lire les chiffres à partir du 10e, du 40e, etc. Pour cette utilisation, il faut donc associer chaque début de ligne avec un mot qui code le numéro de la ligne : par exemple, sachant que « ton » code le numéro 1 (1 = t), on peut associer « ton » et « terrier » comme dans la phrase « ton château n'est pas un terrier de lapin ».

Le procédé devient, on le voit, d'une extrême complexité, mais pas pour leurs défenseurs. Ainsi dans la méthode contemporaine dite Aubanel, dont on pouvait rencontrer régulièrement des publicités dans la presse, son auteur, Raymond de St Laurent, précise : « Trouvez quelque ancien élève de Polytechnique ou un professeur de mathématiques. Dites-lui que vous allez réciter le nombre pi avec 127 décimales. Tendez-lui le papier sur lequel vous avez inscrit vos chiffres ; car il est infiniment probable qu'il n'a jamais pu retenir une telle énumération. L'effet sera foudroyant, votre interlocuteur en restera pantois » (1968, p. 145). C'est nous qui restons pantois devant tant de naïveté. Espérons que le mathématicien ne demandera pas au mnémoniste en herbe de résoudre quelque équation ou intégrale, et revenons-en aux maîtres...

3 Un, deux, trois, nous allons au bois...

Dans ce fatras de milliers de chiffres et de phrases absurdes, Guyot-Daubès nous amuse en se faisant le spécialiste (il défend aussi l'usage du code chiffre-lettre) des procédés phonétiques dans son *Art d'aider la mémoire* (1889). Les mots ou phrases cabalistiques consistent à associer des initiales ou les premières syllabes. Le résultat, qui doit être facile à prononcer, forme pour le non-initié une sorte de formule mystérieuse que les anciens mages ou alchimistes devaient utiliser depuis la nuit des temps, d'où leur nom de « cabalistiques »…

VIBUJOR qui évoque quelque sombre divinité de la Mésopotamie n'est que la suite des initiales des sept couleurs de l'arc-en-ciel : Violet, Indigo, Bleu, Vert (V = U dans l'alphabet romain), Jaune, Orange et Rouge. Ressemblant aux incantations d'un mage, « sajuma sove merlu » représente l'ordre ancien des astres par leur première syllabe, SAturne, JUpiter, MArs, SOleil, VEnus, MERcure et LUne. Guyot-Daubès remarque avec justesse que ce procédé est employé dans l'acrostiche, poème dans lequel les initiales de chaque début de vers forment un mot. Dans la strophe ci-après, il s'agit de Laure, l'amie de Pétrarque :

> Le ciel qui la sauva de son propre penchant
> À la beauté du corps unit celle de l'âme
> Un seul de ses regards, par un pouvoir touchant,
> Rendait à la vertu le cœur de son amant
> Elle embellit l'amour en épurant sa flamme.

J'ai entendu Jean Piat, un grand comédien, dire qu'il utilisait (comme d'autres acteurs) ce procédé pour vérifier l'ordre des vers dans un long passage.

De même la rime est utilisée dans certaines « formules » souvent apprises à l'école :

> Le carré de l'hypoténuse
> est égal, si je ne m'abuse,
> à ceux que l'on aura faits
> sur les deux autres côtés.

L'équivalent plus moderne est :

> Le carré de l'hypoténuse
> est, si je ne m'abuse,
> égal à la somme des carrés
> des deux autres côtés.

Guyot-Daubès note, à juste titre, que les comptines sont basées sur les mêmes principes : « Un, deux, trois, nous allons au bois… » De tous les manuels de mnémotechnie, le sien est le plus attrayant, car il établit un lien entre les techniques de la mémoire et les trucs que l'on emploie dans la vie courante et qui aident effectivement la mémoire, bien qu'ils ne jouissent pas du statut de méthodes. L'auteur cite les jeux de mots et calembours comme moyens mnémotechniques. Ainsi, pour se rappeler les départements et leur chef-lieu, il propose des phrases amusantes comme : « Albi-toi ma fille, il se fait Tarn » !

4 Grandeur et décadence de la mnémotechnie...

Les héritiers de la mnémotechnie

Après Guyot-Daubès, les ouvrages ne semblent être pour l'essentiel que des reprises ou plagiats. Chavauty publie en 1894 *L'Art d'apprendre et de se souvenir* où l'on retrouve les procédés de Paris et de Moigno... Néanmoins, il se prétend original au point d'intenter un procès au « professeur » Loisette qui, dans son *Assimilative Memory*, paru à New York en 1896, reprend effectivement le code chiffre-lettre sans citer personne, mais c'est à Aimé Paris qu'il l'emprunte, non à Chavauty... Loisette n'est pas très intéressant comme plagiaire, car presque tous les auteurs de cette époque le sont, mais il l'est sur un plan historique, car c'est lui qui est à l'origine des procédés aux États-Unis, par exemple dans la célèbre méthode Carnegie. Par ailleurs, Loisette propose non pas des méthodes nouvelles, mais des exemples nouveaux, comme sa célèbre méthode pour apprendre les présidents américains en soulignant dans chaque paire de noms consécutifs deux syllabes phonétiquement similaires :

Georges Washingt**on**
John Adams
Thomas Jeffers**on**
James Madis**on**

Basée sur des indices phonétiques, cette méthode n'est évidemment pas nouvelle. Elle a été largement développée (avant même Guyot-Daubès) par l'abbé Moigno dans ses dictionnaires de glossotechnie pour apprendre le latin et l'allemand et reprise par l'abbé Courdavault dans sa *Mnémotechnie ou l'art d'acquérir facilement une mémoire extraordinaire*. Pour se rappeler que le mot anglais *tree* (approximativement « tri ») signifie arbre, on peut utiliser l'association médiate « charpentrie » ; pour se souvenir que le mot latin *abdo* signifie « je cache », Moigno propose la phrase « à bedeau, dans l'église rien n'est caché ». D'ailleurs, c'est ce procédé phonétique que nous employons pour nous rappeler qu'une stalag**mi**te **m**onte et qu'une stalag**t**ite **t**ombe…

Il faut attendre Germery (1911) pour lire dans son ouvrage *La Mémoire* un exposé critique des procédés qu'il dénomme, comme dans l'Antiquité, les « procédés artificiels », opposés aux éléments de la mémoire naturelle. S'appuyant sur les travaux scientifiques en histoire et en botanique, ainsi que sur les premiers travaux de la psychologie expérimentale, il insiste sur l'importance de l'attention, le schéma, le tableau synoptique, l'association des idées. Quant aux procédés artificiels, Germery est le premier à se montrer réservé. Se fondant en particulier sur une recherche des expérimentalistes Alfred Binet et Victor Henri sur la mémoire des phrases (1894), où ils montrent que les phrases sont très altérées au rappel (omissions, synonymes, intrusions…), il critique fortement l'utilisation de phrases pour coder des nombres (le tableau chronologique des frères Castilho), conduisant après décodage à des nombres erronés. Cette prudence ne se retrouve pas dans la reprise du livre de Germery par Raymond de St Laurent chez le même éditeur (Aubanel, 1968) et dont on lisait souvent des annonces publicitaires dans les années 1970-80. Cette version très simplifiée ne fait que vanter, sans esprit critique, les méthodes de Moigno et des frères Castilho, essayant de vendre l'illusion que chacun peut acquérir une mémoire extraordinaire par des méthodes infaillibles. Le commerce a ses raisons que la science ignore…

Ce que les « alchimistes » de la mémoire avaient découvert

L'héritage que nous ont légué les « alchimistes » de la mémoire apparaît important à la lumière des travaux scientifiques qui nous permettent de séparer les méthodes efficaces des pratiques magiques et de la poudre aux yeux lancée par des commerçants habiles... Des auteurs de l'Antiquité nous avons appris que l'image visuelle était une aide efficace pour la mémorisation, bien que cette utilité soit limitée aux mots concrets (Quintilien). Ils avaient également une idée intuitive de la capacité limitée de la mémoire, si l'on se réfère au conseil de marquer les lieux ou un discours tous les cinq éléments (*Rhétorique à Hérennius*). Le rôle des indices de récupération se trouve également indiqué sous forme de symboles figuratifs, comme le glaive qui permet de rappeler des parties d'un discours traitant de la guerre, ou une ancre évoquant les questions maritimes. Enfin, la nécessité de relier les indices entre eux selon une chaîne est soulignée par l'usage de la méthode des lieux, qui demeure la grande invention des auteurs de l'Antiquité. Si le rôle puissant de la logique n'est pas souligné par tous, il est rappelé avec conviction par Quintilien.

La Renaissance a été une période très riche du point de vue des systèmes de la mémoire, même si ceux-ci ne sont, en réalité, que des variantes complexes des procédés de l'Antiquité. Camillo invente un gigantesque théâtre qui fournit des lieux organisés autour du nombre magique 7. Raymond Lulle, puis Trithème et enfin Giordano Bruno se servent de roues magiques qui préfigurent les codages, notamment le code chiffre-lettre. Pierre de la Ramée apparaît, quant à lui, le précurseur de la pédagogie moderne, en ne retenant que les systèmes basés sur la subdivision catégorielle des connaissances dont on a gardé, par similitude imagée, le nom d'« arborescence ».

Marqués par le développement de l'imprimerie, les XVIIe et XVIIIe siècles sont caractérisés par l'abandon de l'image au profit des méthodes basées sur le langage, en particulier les procédés phonétiques et surtout l'apparition du code chiffre-lettre. À partir de Grégoire de Feinaigle, vers 1800 et pendant tout le XIXe siècle, le code chiffre-lettre connaît un succès comparable à celui de la méthode des lieux pendant l'Antiquité. Il sert de base à de nombreuses méthodes dont la table de rappel est l'application la plus élaborée. Grâce au code chiffre-lettre, les nombres de 1 à 100 sont codés sous forme de mots qui permettent de repérer la position numérale d'un mot dans une liste à apprendre dans l'ordre.

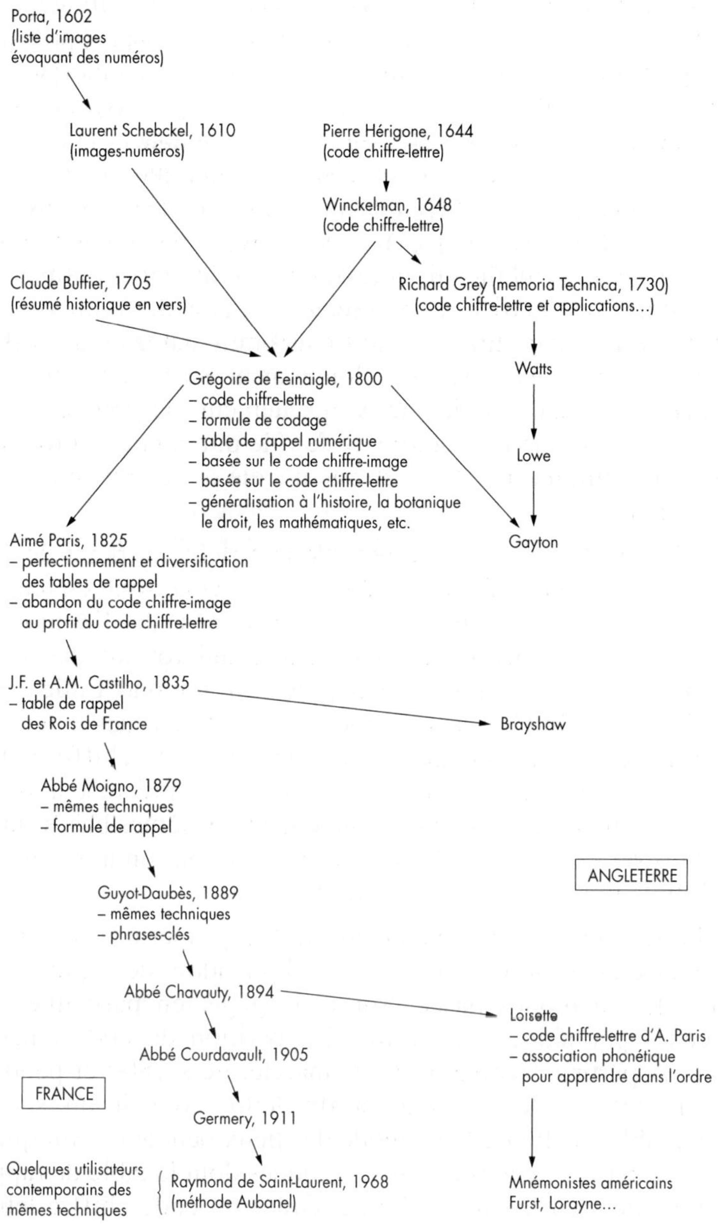

Figure 4.1
Généalogie des codes chiffre-image et chiffre-lettre,
ainsi que de la table de rappel numéral (d'après Lieury, 1980a).

Ces procédés ont influencé de nombreux auteurs d'ouvrages de mnémotechnie, dont j'ai essayé de reconstituer la généalogie (fig. 6.1). Dans cette généalogie, je ne cite que les auteurs m'ayant paru les plus originaux, mais durant le XIXe siècle, ont été édités beaucoup d'autres manuels de mnémotechnie très inspirés des ouvrages antérieurs, par exemple Audibert (1839) ou encore Parent-Voisin (1847), qui semble avoir complètement plagié les frères Castilho, bien qu'il ne les cite pas. Une mention spéciale doit être accordée à Demangeau (1841) qui se croit très original en réintroduisant les voyelles dans le code chiffre-consonne (Feinaigle-Paris), ignorant que le code chiffre-lettre a commencé de cette façon avec Pierre Hérigone et Richard Grey... L'histoire de Demangeau doit servir d'exemple et inciter le lecteur à la prudence : dans le domaine des procédés mnémotechniques, rien de nouveau n'a été découvert depuis les mnémonistes du XIXe siècle. Pour découvrir des nouvelles méthodes, plus réalistes, il faut se tourner vers les recherches scientifiques (*cf.* 4e partie).

Deuxième partie

COMMENT FONCTIONNE VOTRE MÉMOIRE ?

1 LA « BIBLIOTHÈQUE » DE LA MÉMOIRE : LA MÉMOIRE À LONG TERME

1 Les mémoires sensorielles : la mémoire photographique est une illusion !

Beaucoup de gens pensent que notre mémoire est visuelle. Certains parlent même de mémoire « photographique », d'autres, se fiant à leur propre observation, s'imaginent qu'ils apprennent « photographiquement » des pages de cours, avec les couleurs, etc. C'est une illusion, car si la mémoire sensorielle visuelle existe bien, elle est éphémère et ne dure qu'un quart de seconde. Ce petit test vous en convaincra.

Munissez-vous de quatre feutres de couleur : jaune, vert, rouge et bleu. Coloriez les lettres ci-dessous avec quatre couleurs, au hasard. Demandez à un(e) ami(e) de bien regarder la phrase (le temps d'une lecture), puis refermez le livre.

Demandez-lui alors de se rappeler la phrase et d'écrire les lettres avec les bonnes couleurs.

Pierre qui roule
n'amasse pas
mousse

Résultat : si vous faites le test sur plusieurs amis, vous verrez que le rappel est d'environ deux à quatre lettres avec les bonnes couleurs. En revanche, la phrase sera rappelée sans problème. **Notre mémoire n'est pas photographique mais enregistre des mots et du sens…**

Pour bien la démarquer de la légendaire « mémoire visuelle photographique », les chercheurs l'ont baptisée « mémoire iconique ». Il existe ainsi d'autres mémoires sensorielles : la mémoire auditive, olfactive, etc. Les mémoires sensorielles existent mais sont éphémères et sont relayées par des mémoires spécialisées. L'information sensorielle est transformée, recodée à de multiples étages, qui sont nommés de façon technique « niveaux » ou « modules » de traitement et qui sont autant de « bibliothèques » qui constituent ce que les chercheurs appellent la « mémoire à long terme ». Pour simplifier, on peut considérer qu'il existe trois niveaux, trois étages principaux :

- le niveau sensori-moteur avec les mémoires sensorielles et les mémoires motrices (pour parler et écrire ou dessiner) ;
- le niveau symbolique qui fabrique les mots (mémoire lexicale) et les images (mémoire imagée) ;
- enfin le niveau le plus abstrait est conceptuel avec la mémoire sémantique.

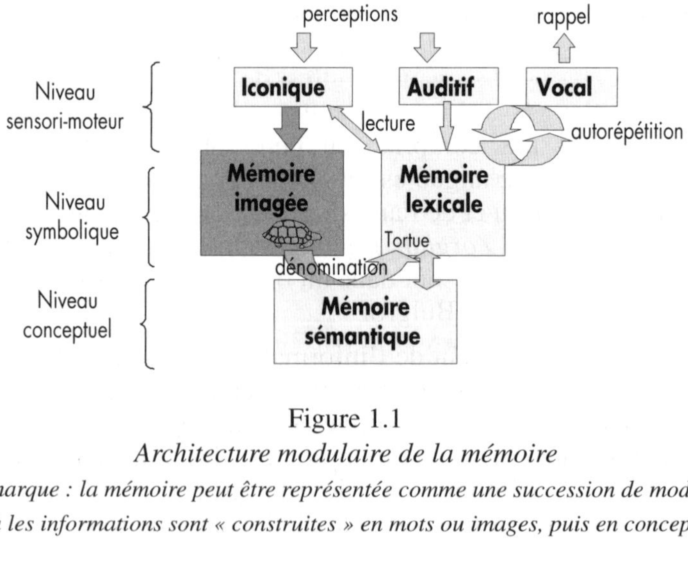

Figure 1.1

Architecture modulaire de la mémoire

Remarque : la mémoire peut être représentée comme une succession de modules où les informations sont « construites » en mots ou images, puis en concepts.

La figure 1.1 est un schéma simplifié, car il existe de nombreuses mémoires spécialisées : la mémoire visuospatiale, celle des visages, etc.

2 La mémoire lexicale : la « carrosserie » des mots

Pour bien comprendre cette notion de niveaux de traitement de l'information, il faut se rappeler que lorsqu'on lit un mot ou que l'on regarde une image, l'œil ne capte que des photons et ne comprend pas de quoi il s'agit, de même que votre appareil photo (même numérique) ne sait pas si la photo que vous prenez est un chat ou une rose… De la même manière, les « premiers étages » sont des mémoires sensorielles qui construisent des formes élémentaires, traits, courbes, formes géométriques et couleurs. On le voit bien quand on lit des mots étrangers (grecs ou chinois) ou qu'on bouleverse les habitudes de lecture.

Si vous essayez de lire le texte ci-dessous, vous vous retrouvez dans une condition approximativement comparable à celle de votre rétine ou de votre mémoire iconique.

Sel stom te sel segami en tnos sap snad al enitér
siam snad sed seriomém seésilaicéps

Vous n'avez pas compris, car cette phrase est écrite en zorglangue. La zorglangue est la langue inventée par Franquin, le créateur de Spirou et de Fantasio (et de Gaston Lagaffe), dans l'aventure *Z comme Zorglub*. En zorglangue, les mots sont dans l'ordre, mais les lettres sont dans un ordre inversé. Ainsi « Vive Zorglub » se dit « Eviv Bulgroz »…

Au cours du traitement de l'information, les formes des mots (mémoire iconique et mémoire orthographique, fig. 1.2) et les sons des mots (mémoires auditive et phonologique) accèdent à une mémoire qui contient la morphologie des mots, leur carrosserie, c'est la mémoire lexicale (du grec *lexi* = mot). La mémoire lexicale est une sorte de dictionnaire de tous les mots acquis qui sont stockés sous forme d'une synthèse des informations. Un mot est une sorte de « fiche signalétique » intégrant l'orthographe (graphisme) et la phonétique. C'est très pratique, car le mot lu ou entendu est identifié comme étant le même mot dans cette mémoire intégrée. Si, comme certains le croient, il y avait une mémoire visuelle pour les mots lus et une autre mémoire, auditive, pour les mots entendus, le même mot lu ou entendu se retrouverait dans deux mémoires séparées, et nous ne pourrions l'identifier comme étant identique !

Le programme articulatoire est ailleurs – on peut lire des mots anglais sans savoir les prononcer correctement –, dans le système articulatoire ou vocal (ou lexical de sortie). Certains pédagogues assimilent l'auditif au vocal, mais ce sont deux systèmes aussi différents que le microphone et l'imprimante de l'ordinateur (du reste, ces deux systèmes ne sont pas placés dans les mêmes zones du cortex).

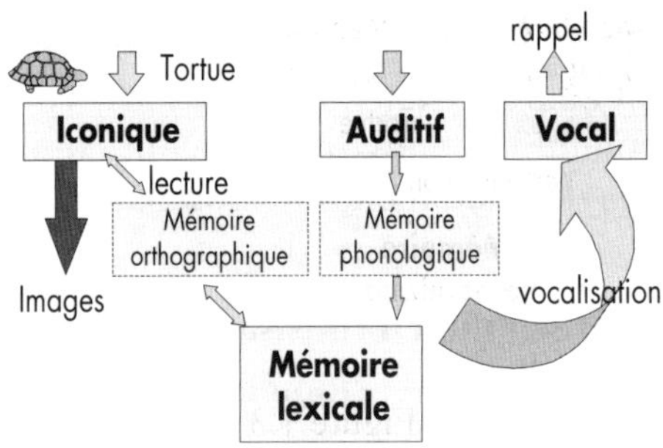

Figure 1.2

Les étapes de la construction lexicale

Remarque : les images sont construites dans un autre système.

3 La mémoire imagée : des images comme dans un jeu vidéo

Comme divers auteurs de l'Antiquité l'avaient bien observé, il existe un autre mode de représentation essentiel de la mémoire : ce sont les images mentales, ou mémoire imagée. Cependant, contrairement aux apparences, ces images ne sont pas des « photographies » de la réalité mais plutôt des images virtuelles, en grande partie « fabriquées ». Ainsi dans le test du proverbe en couleurs (§ 1), on a l'illusion de voir la phrase en couleur, mais c'est en exigeant la couleur de chaque lettre que l'on s'aperçoit que c'est une construction de notre mémoire, d'où, par exemple, les erreurs dans les témoignages oculaires. Néanmoins, quoique images virtuelles, les images des objets, animaux et plantes existent bien, et certains chercheurs estiment à 30 000 ou 50 000 le nombre d'images de notre iconothèque.

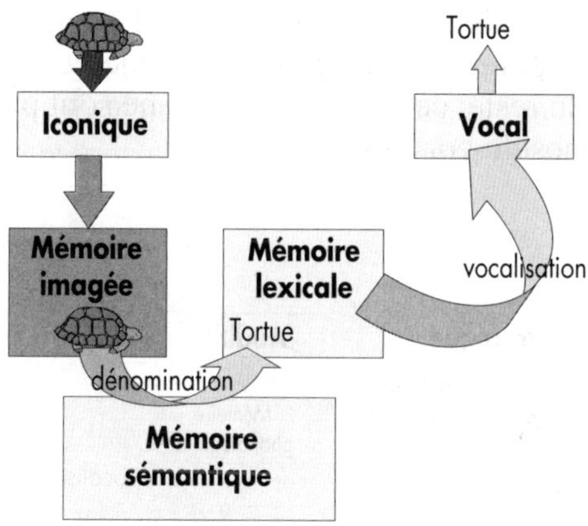

Figure 1.3
Le double codage des images.

De nombreuses recherches ont souligné que les images familières sont mieux rappelées que les mots (l'image d'une tortue plutôt que le mot « tortue »), parce qu'elles bénéficient d'un double codage (fig. 1.3) : l'image de la tortue est stockée en tant qu'image dans la mémoire imagée (1er codage), mais elle est dénommée (on se dit mentalement « c'est une tortue ») dans la mémoire lexicale (2e codage), alors que les mots ne bénéficient que du seul codage verbal. C'est une autre mémoire, abstraite, qui permet de transformer les images en mots (lexical) et, inversement, d'imaginer les mots en images : la mémoire sémantique.

4 La mémoire sémantique : la mémoire du sens et des idées

Le troisième niveau est très abstrait et stocke le sens des concepts, c'est la mémoire sémantique (du grec *semantikos* = sens). La mémoire sémantique est la « bibliothèque » de nos connaissances. Elle est organisée de façon complexe, mais deux grandes dimensions de « classement » dominent : un classement logique en arborescence (Collins et Quillian, 1969, fig. 1.4), comme chez Pierre de la Ramée à la Renaissance (*cf.* 1re partie), et un classement associatif, comme on le sait depuis Aristote.

Le classement logique est une hiérarchie de catégories : les oiseaux et les poissons emboîtés dans la supercatégorie « animal » ; les fleurs, les arbres, les fruits emboîtés dans la supercatégorie « plantes », etc.

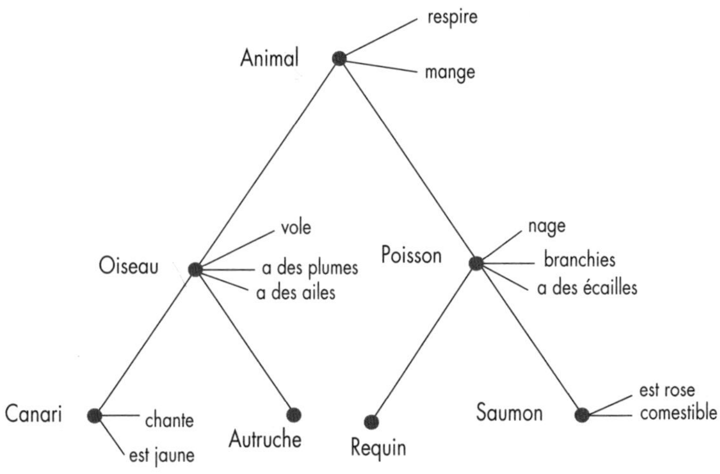

Figure 1.4

Organisation de la mémoire sémantique selon une hiérarchie de catégories (d'après Collins et Quillian, 1969)

Remarque : ce schéma utilise les mots (canari, etc.), mais, en réalité, ce sont les concepts abstraits qui sont stockés, les mots eux-mêmes étant dans la mémoire lexicale.

Les associations connectent des concepts utilisés fréquemment ensemble, « ciel-bleu », « mer-poisson », ou possédant des propriétés communes, « chaud-froid »… Les associations de mots permettent la diversité des significations en fonction des contextes : « feuille de papier », « feuille d'arbre »… En somme, la mémoire verbale (qui stocke le langage) est composée de deux mémoires : la mémoire lexicale (la mémoire « par cœur » usuelle) et la mémoire sémantique (la mémoire des idées). Lorsque la différenciation entre ces mémoires n'est pas utile, on emploie le terme général de mémoire verbale.

2 LA MÉMOIRE À COURT TERME : MÉMOIRE VIVE ET ÉCRAN DE LA MÉMOIRE

1 L'oubli à court terme : attention, oubli rapide !

Les étudiants connaissent bien le phénomène du « trou noir » au moment de l'examen. En effet, la mémoire semble bien pauvre, lorsque les souvenirs sont testés par un rappel, même s'il est immédiat (*a fortiori* après un délai d'une heure ou d'une journée). Le phénomène du trou noir est dû au fait que notre mémoire fonctionne selon deux grands systèmes : une « mémoire à court terme » qui intègre des informations variées mais pendant peu de temps (10 à 20 secondes), et un système qui correspond aux mémoires spécialisées que nous venons de voir, la « mémoire à long terme ». Pour prendre l'analogie de l'ordinateur, la mémoire à long terme, c'est le disque dur, tandis que la mémoire à court terme, c'est la mémoire vive et l'écran.

Or la mémoire à court terme a une capacité limitée. C'est de cette limitation que proviennent beaucoup de nos problèmes, et c'est pour dépasser cette limite que les méthodes de mémoire ont été inventées... La capacité de rappel a beaucoup été étudiée en laboratoire, et depuis l'Américain Georges Miller, on sait que le rappel d'une liste de mots familiers est d'environ 7 : c'est le célèbre nombre magique 7 (*cf.* l'intuition du nombre 7 par Giulio Camillo, 1re partie). Ce qui est paradoxal c'est de constater que le rappel est d'environ 7 pour des unités familières, 7 mots, 7 petites phrases (ex. le jardinier arrose les fleurs), 7 proverbes connus. À l'inverse, la capacité de rappel chute lorsque les unités ne sont pas familières. Ainsi, sur des élèves de collège, la capacité de rappel immédiat diminue en fonction de la difficulté des mots (*cf.* mots de manuels de sixième dont la difficulté avait été estimée par des professeurs, Lieury, 1997 ; Lieury *et al.*, 1992) :

Difficulté	Rappel moyen
1 (ex. Chine)	5,62
2	5,07
3	4,86
4	4,25
5 (xénophobie)	3,29

Tableau 2.1
Rappel immédiat décroissant en fonction de la difficulté des mots (1 : facile ; 5 : difficile) (d'après Lieury, 1997, 1992).

Ainsi pour des mots faciles (difficulté 1), tels que « Chine, César, Antiquité... », le rappel moyen est de 5,62 (il n'est même pas de 7 comme pour des mots très familiers comme « tortue, collier, citrouille »), et il diminue progressivement (tab. 2.1) pour atteindre un rappel moyen de 3,29 pour des mots difficiles (niveau de difficulté 5) comme « xénophobie, volute, antéfixe... ».

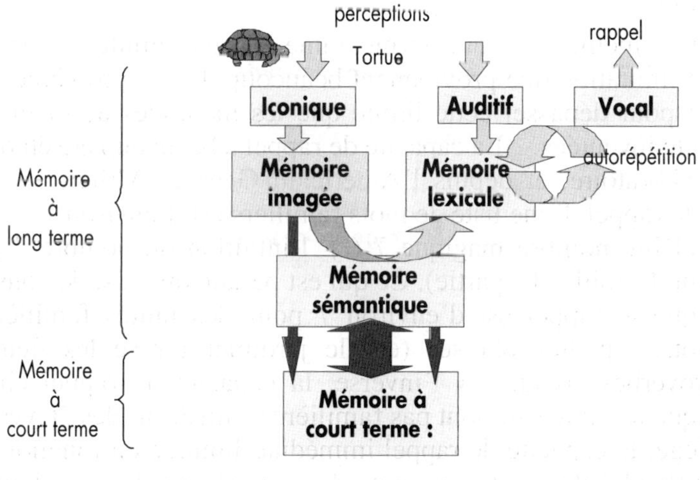

Figure 2.1
Mémoire à court terme et mémoire à long terme.

Ce genre d'expériences montre que la mémoire à court terme (ou mémoire de travail pour certains chercheurs) ne travaille pas seule. En effet, elle « récupère » les connaissances, mots, images, etc., des mémoires spécialisées de la mémoire à long terme (fig. 1.1), de la même façon que la mémoire vive de l'ordinateur se sert des logiciels de traitement de texte ou de dessins pour écrire une lettre ou retoucher une photographie, l'écran visualisant ces différents logiciels par des fenêtres. C'est en fonction de cette analogie que j'ai décrit le fonctionnement de la mémoire à court terme comme un « multifenêtrage » sur l'écran, représentant des parties activées de la mémoire à long terme, par exemple des mots, des images…

Il semble, en revanche, que certaines mémoires, telle la mémoire iconique, ne soient pas récupérables et activables en mémoire à court terme. On peut simplifier la représentation de la mémoire en deux mémoires (fig. 2.2), afin de mieux décrire le fonctionnement de « va-et-vient » entre elles.

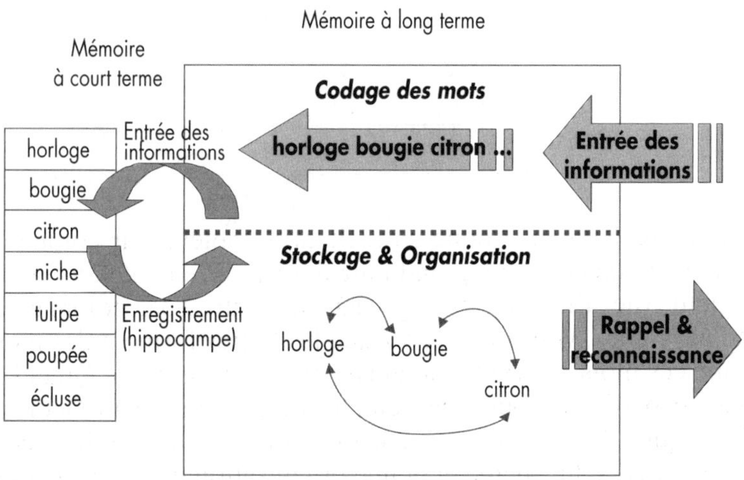

Figure 2.2
Fonctionnement dynamique de la mémoire.

Les informations, mots et images, sont codées, élaborées dans les différents niveaux de la mémoire à long terme (*cf.* fig. 2.1), puis sont combinées en mémoire à court terme pour être stockées de façon organisée en mémoire à long terme. Si les mots sont inconnus, mots chinois par exemple, ils ne peuvent être codés dans la mémoire à long terme (lexicale), et la mémoire à court terme ne pourra stocker que quelques sons… Au contraire, si les mots sont familiers (fig. 2.2), ils sont rapidement codés, et la mémoire à court terme peut en stocker environ 7.

2 Capacité limitée et mécanismes d'organisation

Effectuez la petite expérience suivante sur vos amis. Vous leur donnez ce tableau de lettres à mémoriser en 30 secondes. Évidemment, comme nous n'avons pas de mémoire « photographique », ce sera un échec complet.

q	l	t	a	e	r	n
u	e	e	r	s	i	s
a	c	s	t	s	s	e
n	h	t	i	o	d	n
d	a	p	l	u	a	t

Vous les étonnerez donc en récitant le tableau par colonnes, comme si vous étiez un grand mnémoniste. Bien entendu, il y a un petit truc. En effet, en regardant les lettres par colonnes et non par lignes, vous observerez que les lettres forment des mots et que ces mots peuvent s'organiser en un proverbe : « Quand le chat est parti, les souris dansent. » C'est l'Américain Georges Miller qui a découvert le mécanisme d'organisation, et il pensait que le langage lui-même était une organisation de codes de plus en plus économiques, les lettres étant organisées en syllabes, les syllabes en mots, les mots en images ou phrases, puis en idées. Augmenter la mémoire, c'est organiser de plus en plus.

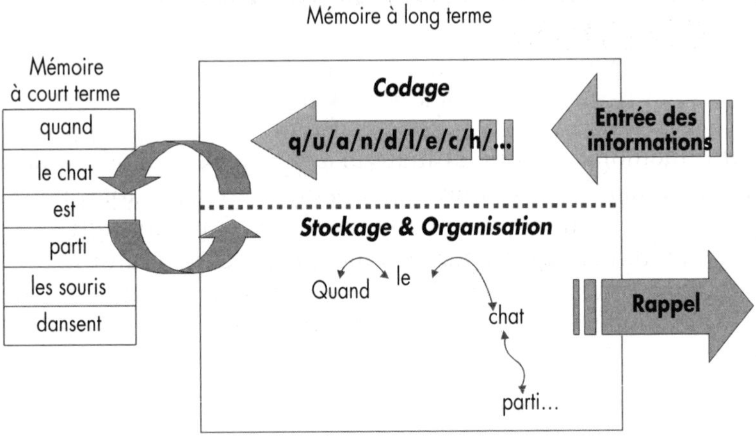

Figure 2.3
L'organisation des lettres en mots : un processus qui évite la surcharge de la mémoire à court terme.

Ainsi, comme l'ont montré certains chercheurs (Ehrlich, 1972), on peut mémoriser 6 à 7 petites phrases familières (le jardinier arrose les fleurs), alors que des mots difficiles (tab. 2.1) sont mal rappelés ; ce sont alors des syllabes et non des mots entiers qui occupent les « cases » de la mémoire à cour terme. L'analogie de la bibliothèque permet d'expliquer ce paradoxe. La mémoire à court terme fonctionne comme une mémoire « fichier » (fig. 2.3) qui ne stocke qu'un indice (comme la fiche de la bibliothèque), allant chercher une unité structurée, une sorte de sous-programme (ou de livre pour reprendre l'analogie de la bibliothèque) : un mot, une phrase familière, un poème, une image… Certains joueurs d'échecs, disputant plusieurs parties à l'aveugle, disent qu'ils mémorisent chaque partie dans un tiroir, et nous verrons que c'est ainsi que la méthode des lieux et d'autres procédés mnémotechniques fonctionnent…

3 LES « BONNES ADRESSES » DU PASSÉ

Notre mémoire est-elle si mauvaise ? D'après l'analyse de la mémoire par la technique de rappel, nous pourrions penser qu'elle est vraiment mauvaise avec ses 7 petites unités. Si l'on s'en remet aux recherches modernes, c'est plutôt la technique qui en est la cause. Lorsqu'on emploie d'autres techniques de sondage, on trouve que notre mémoire est capable de prouesses.

1 Rappel, rappel indicé et reconnaissance

Dans une expérience, 20 catégories, accompagnées chacune par un mot, ont été présentées, comme dans l'exemple suivant :

Arbre	Oiseau	Meuble	Planète	Animal	Etc.
bouleau	canari	canapé	saturne	lapin	...

Le rappel libre (sans aide) des mots est d'environ 53 %.

Mais si les noms de catégories sont donnés comme indices au moment du rappel (rappel indicé), les sujets rappellent 80 % des mots (fig. 3.1). Si, enfin, un test de reconnaissance est proposé en donnant par catégorie le choix entre la cible (mot qui a été mémorisé : ex. canari) et un piège (ex. mésange), les sujets reconnaissent 95 % des mots corrects.

La reconnaissance

La meilleure technique de sondage de la mémoire est la reconnaissance. Elle consiste tout simplement à redonner l'information initiale, par exemple les mots mémorisés ou les photos..., mais parmi des pièges. Le sujet a une impression de « déjà vu », lorsqu'il revoit à nouveau l'information qu'il avait

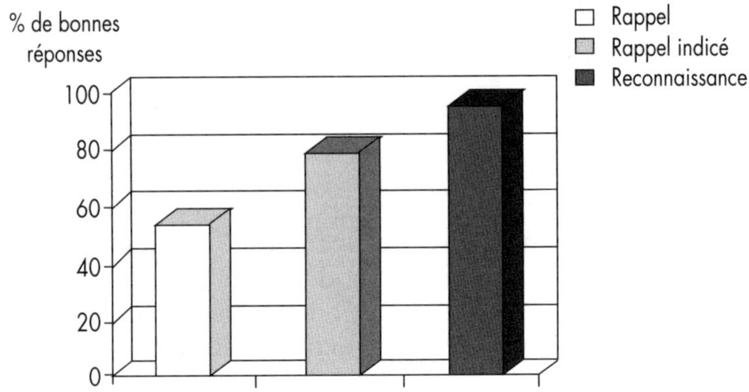

Figure 3.1
Efficacité des trois modes de récupération : rappel, rappel indicé, reconnaissance (Lieury, non publié).

mémorisée. Avec cette technique, on trouve couramment 70 % de reconnaissance de mots d'une liste et jusqu'à 90 % de reconnaissance d'images familières.

Lionel Standing, Jerry Conezio et Ralph Haber, de l'université de Rochester dans l'État de New York, ont présenté jusqu'à 2 500 diapositives à des étudiants en plusieurs jours. Une semaine plus tard, ils ont fait un test de reconnaissance sur un extrait d'environ 400 photos (avec un nombre équivalent de pièges). La reconnaissance est encore de 90 %, ce qui fait un total de plus de 2 000 photos reconnues. De même, la mémoire peut être fidèle sur une très longue période, comme l'a démontré l'étonnante expérience de Harry Bahrick et de ses collègues dans l'Ohio (1975). Ces auteurs ont eu l'idée de retrouver d'anciens collégiens plusieurs années après leur sortie du collège et de tester leurs souvenirs à partir de différentes épreuves. Alors que le rappel (sans aide) des noms de leurs camarades de promotion est d'environ 15 % après trois mois, la reconnaissance des noms (parmi des pièges) est de 90 % après trois mois et diminue faiblement, puisqu'elle est encore de 70 % après cinquante ans ; il en va de même pour les photographies des mêmes camarades. C'est extraordinaire si l'on pense que les personnes ont vieilli d'autant d'années et ont alors près de 70 ans.

Étant donné la pluralité des mémoires, la reconnaissance des visages ou des mots, ou même des images familières (chien, bateau, fourchette...), se déroule dans des mémoires à long terme différentes. Il existe même une mémoire spéciale de l'orthographe des mots. Par la suite, nous nous intéresserons surtout à la mémoire qui, grâce à son caractère abstrait, conceptualise la plupart des choses, c'est-à-dire la mémoire sémantique.

2 Souvenir, souvenirs... : la mémoire épisodique

Comment expliquer que la reconnaissance sonde très bien la mémoire ? Le Canadien Endel Tulving (1972) a émis l'hypothèse que chaque information, mot, visage..., est enregistrée en mémoire comme un épisode spécifique de la situation d'origine. Si je lis le mot « bateau » sur une brochure de voyage, le mot bateau sera à nouveau enregistré, bien que je le connaisse déjà, mais il sera enregistré dans son contexte spécifique, par exemple avec d'autres mots de la brochure, les mots « voyage », « vacances », etc. Ainsi, chaque fois que je lis un mot, que je l'entends, il se forme un épisode nouveau et original en mémoire, de la même façon que les épisodes d'une série télévisée remettent en jeu les mêmes personnages mais dans un contexte, une intrigue différente. C'est la théorie de la mémoire épisodique.

Si la reconnaissance est puissante, c'est qu'elle permet de représenter ce qu'il y a de plus ressemblant à l'épisode d'origine. À l'inverse, comme Tulving l'a montré le premier, si un même mot est présenté dans un contexte différent, le taux de reconnaissance peut baisser fortement. Le mot « feuille », mémorisé dans une liste à côté « d'automne », sera mal reconnu (aux environs de 50 % au lieu de 70 %) s'il est présenté lors de la reconnaissance avec un contexte différent, par exemple « feuille-papier ». Guy Tiberghien, de l'université de Grenoble, a mis en évidence qu'il en est ainsi pour les visages : un visage est parfaitement reconnu s'il est présenté avec le même chapeau, mais mal reconnu si on change le chapeau…

Ayant moi-même travaillé dans ce domaine, j'ai fait l'hypothèse que la mémoire épisodique est une sous-partie de la mémoire sémantique. En effet, les épisodes se multipliant, on peut imaginer que le concept générique d'un mot, par exemple « canari », est l'abstraction de ce qui est commun à tous les épisodes contenant « canari ». C'est ainsi que se construirait la mémoire sémantique (*cf.* Lieury, 1979, 1997).

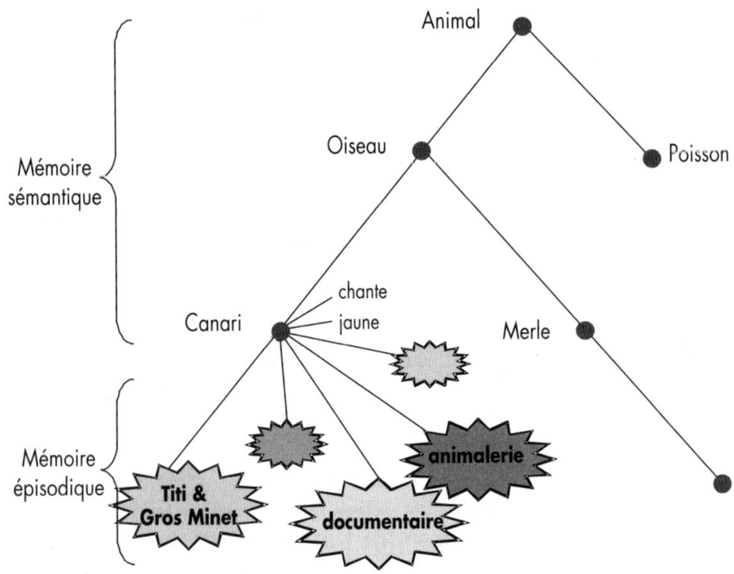

Figure 3.2
Théorie de l'emboîtement des épisodes dans la mémoire sémantique (Lieury, 1979, 1997).

Imaginons que le premier canari qu'un enfant voit soit Titi dans le dessin animé *Titi et Gros Minet* : ce dessin animé constituera un épisode. Sa mère le voyant intéressé l'emmène voir un vrai canari dans une animalerie, ce sera le deuxième épisode et ainsi de suite (fig. 3.1). Les mécanismes d'abstraction de la mémoire vont ainsi extraire les propriétés communes (jaune, vole, chante) pour constituer le concept de canari de la mémoire sémantique. Et ainsi de suite pour les concepts de la mémoire sémantique du jeune enfant : bateau, train, jouet…

Quoique la mémoire sémantique ne soit pas toujours organisée de façon hiérarchique mais parfois simplement de façon catégorielle (une poupée est un jouet) ou de manière encore plus simplifiée sous forme d'association (abeille-miel, loup-agneau, chaud-froid), je vais commencer par prendre l'exemple du canari (fig. 3.2) avec les épisodes pour expliquer les mécanismes de la récupération. Imaginez que je vous donne une liste de 20 mots parmi lesquels figure « canari ». Que signifie alors le fait de mémoriser le mot « canari », alors que vous le connaissez déjà ? Dans le cadre de la théorie de la mémoire épisodique, mémoriser ce mot, c'est construire un nouvel épisode : « le mot canari était dans cette liste ; appris dans ce test ». Le test de reconnaissance consiste à présenter les mots appris (ou mots cibles) parmi des pièges ; en lisant cette liste de reconnaissance, le mot « canari » donne accès au concept de canari dans la mémoire sémantique, et l'activation nerveuse, se propageant en tous sens, va donner accès à l'épisode « canari » dans cette liste, ce qui crée l'impression de déjà vu.

Voici pourquoi la reconnaissance est très puissante, car elle ne nécessite une recherche qu'à partir du concept le plus proche (canari). Pour reprendre l'analogie de la bibliothèque, imaginons que, parmi plusieurs exemplaires du même livre (un manuel), vous en ayez rendu un à la bibliothécaire et que vous vous aperceviez plus tard que vous avez oublié votre carte d'identité dedans, dont vous vous êtes servi comme marque-page. La reconnaissance équivaudrait à ce que la bibliothécaire vous épargne les recherches dans le fichier, puis dans les étages et rayons de la bibliothèque, pour vous amener directement à la rangée de livres en question. Vous n'auriez plus qu'à ouvrir les manuels de même titre (les « épisodes ») pour tomber sur le « vôtre » : c'est ce que l'on nomme la reconnaissance.

3 Les associations : un jeu de piste dans la mémoire

Un épisode est un peu comme un message dans un jeu de piste : le message caché dans un lieu permet d'aller au lieu suivant. Étant donné le grand nombre d'épisodes enregistrés en mémoire, il existe de très nombreux chemins d'un mot à un autre. Ces chemins sont appelés des associations.

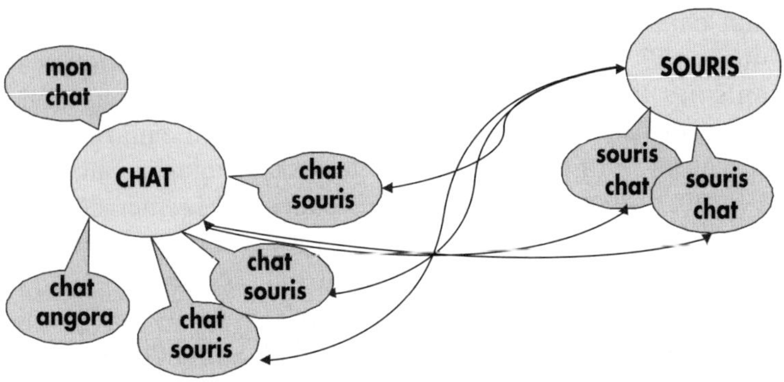

Figure 3.3

Les associations comme un jeu de pistes dans la mémoire

Remarque : par clarté, seul un exemple d'association forte, « chat-souris », est représenté.

Plus le nombre d'épisodes est grand, plus le nombre de chemins l'est (fig. 3.3) : on dit que l'association est forte, c'est le cas de celle entre souris et chat. En revanche, l'association entre souris et fromage est moyenne, quant à celle entre souris et petit, elle est faible. On sait depuis longtemps mesurer la force associative en demandant à un grand nombre de sujets d'associer tous les mots qui leur viennent à l'esprit pour un associant donné. Voici quelques exemples de mots associés dans une telle expérience (Lieury, Iff et Duris, 1976) ; la fréquence associative est reflétée par le nombre de réponses (sur 300 sujets) :

SOURIS
chat 62
blanche 35
rat 30
…
grenier 8
fromage 4
piège 2
moustaches 1

Tableau 3.1
Exemple, pour le mot associant souris, d'associations avec leur fréquence (maximum = 300) (Lieury, Iff et Duris, 1976).

Il existe donc des associations fortes, moyennes ou faibles. De même qu'en chimie, les atomes s'unissent par leurs électrons, les concepts s'associent par leurs épisodes. Et comme les associations représentent le nombre d'épisodes qui relient les concepts entre eux, les associations constituent, en quelque sorte, la composition chimique intime de notre mémoire et en permettent la mesure pratique. Les associations rendent possible l'utilisation de certains mots pour aider à retrouver des mots appris. Par exemple, le mot souris sera un indice très puissant pour se souvenir qu'il y avait le mot « chat » dans une liste de mots, tandis que le même mot souris serait un indice faible pour rappeler le mot « moustaches ». De même, étant donnée la structure en partie hiérarchique de la mémoire sémantique, les noms de catégories (animal, plante…) sont des indices extrêmement puissants. En revanche, nous verrons que certains procédés mnémotechniques ne sont guère efficaces, parce que les associations sémantiques entre les mots sont très faibles.

Grâce aux épisodes, aux associations et aux indices, nous sommes à présent suffisamment armés pour comprendre beaucoup de phénomènes de la mémoire et, tout d'abord, la raison étrange pour laquelle le rappel est peu efficace, alors que la reconnaissance est très puissante, le rappel indicé étant intermédiaire :

- **reconnaissance** : pour reconnaître un mot comme ayant été mémorisé, il suffit qu'un épisode ait été enregistré ; la présentation du même mot permettra l'accès direct au concept et de là à l'épisode en créant une impression de « déjà vu » ;
- **rappel indicé** : pour le rappel indicé, il faut l'épisode du mot cible plus une association avec le mot indice ; le nom de catégorie (oiseau pour « canari ») est un indice puissant pour conduire au concept puis à l'épisode ; dans les autres cas, l'efficacité de l'indice dépendra de la force d'association (souris-chat) ;
- **rappel libre** : le rappel libre est, lui, plus compliqué, puisqu'il n'y a ni indice ni association qui permet de guider la recherche dans la mémoire ; voilà pourquoi le rappel est si difficile et l'oubli si important.

Face à la fragilité du rappel, il serait intéressant d'avoir une sorte de fil d'Ariane permettant d'associer des indices en mémoire à court terme. Ce sont les plans de récupération (ou plans de rappel), qui s'avèrent les mécanismes de base de nombreuses méthodes de la mémoire.

4 Le fil d'Ariane du rappel

Mémoire à court terme et capacité limitée de récupération

Dans une expérience fondamentale, Endel Tulving et Zena Pearlstone (1966) ont étudié l'efficacité d'indices catégoriels par rapport au rappel libre. Méthodiquement, ils ont prévu plusieurs combinaisons avec des listes de 12, 24 ou 48 mots. Dans chaque type de liste, les catégories peuvent contenir 1 mot (comme dans notre exemple précédent), 2 ou 4 mots par catégorie.

D'une façon générale, les indices sont très puissants, et l'on observe (fig. 3.4) que, sur une liste de 48 mots, le rappel indicé est le double du rappel libre. Curieusement, cependant, les indices ne sont plus efficaces pour la liste de 3 catégories de 4 mots, tout simplement parce que le rappel libre est aussi bon.

L'idée d'un chercheur californien, Georges Mandler est que, dans cette condition, la capacité de la mémoire à court terme est suffisante (environ 7) pour stocker à la fois les 3 catégories et

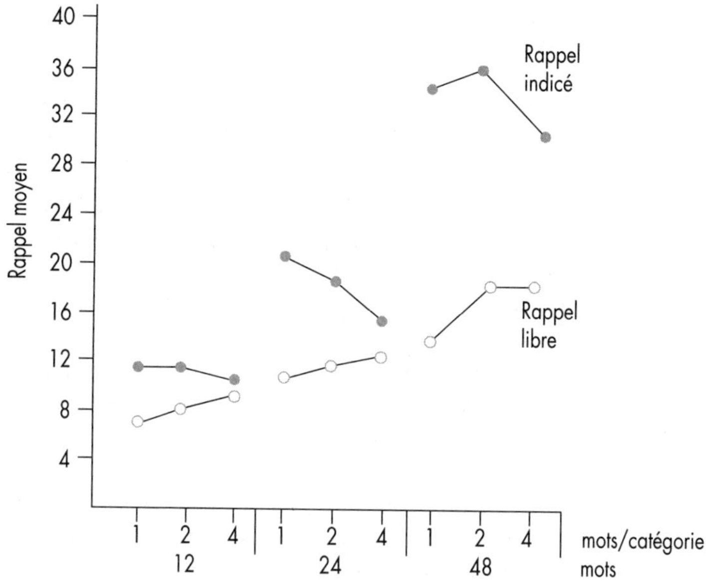

Figure 3.4
Efficacité des indices de récupération (d'après Tulving et Pearlstone, 1966).

4 mots d'une catégorie quelconque (3 + 4 = 7). Concrétisons ce qui se passerait pour un sujet idéal, ayant une capacité de 7, lorsqu'il est en train de mémoriser une liste de 3 catégories de 4 mots :

ANIMAL
zèbre
lion
girafe
antilope
MUSICIEN
Bach
Vivaldi
Berlioz
Verdi
FLEUR
tulipe
pétunia
lys
primevère

Nous avons vu que, lors de la mémorisation, tous les mots appris sont codés dans la mémoire à long terme, puis « passent » dans la mémoire à court terme. Dans ce genre de situation, où les mots sont dans des catégories, la mémoire à court terme va fonctionner comme une véritable mémoire-fichier. Dans une première étape (fig. 11.2), la première catégorie « animal » est enregistrée, puis les mots « zèbre, lion... » ; mais comme ces mots sont déjà répertoriés en mémoire à long terme (ici la mémoire sémantique), la mémoire à court terme, fonctionnant comme un fichier, ne conserve que le nom de catégorie « animal » comme indice de récupération. Les unités-mémoire à court terme sont à nouveau libérées pour enregistrer la deuxième catégorie lors d'une deuxième étape, les musiciens. À nouveau, les mots, une fois enregistrés à long terme, sont effacés pour la troisième étape qui consiste à enregistrer la troisième catégorie. À ce stade, on s'aperçoit (fig. 3.5) que les 7 unités de la mémoire à court terme de notre sujet fictif sont toutes prises. Une organisation de 3 catégories de 4 informations mobilise donc toute la place en mémoire à court terme.

Mémoire
à court terme

Étape 1	Étape 2	Étape 3
ANIMAL	**ANIMAL**	**ANIMAL**
zèbre	**MUSICIEN**	**MUSICIEN**
lion	Bach	**FLEUR**
girafe	Vivaldi	tulipe
antilope	Berlioz	pétunia
	Verdi	lys
		primevère

Figure 3.5

Étapes de la mémorisation de catégories

Remarque : la mémoire à court terme fonctionne comme un fichier en ne gardant que les noms de catégories.

On conçoit aisément qu'il serait inutile pour un tel sujet de lui donner, comme indices de rappel, les noms de catégorie, puisque sa mémoire à court terme les stocke déjà. Voilà pourquoi le rappel indicé d'une liste de 3 catégories de 4 mots n'est pas supérieur au rappel libre d'une telle liste. Le rappel libre apparaît donc comme un cas particulier de rappel indicé, où les indices sont en mémoire à court terme (au lieu d'être sur une feuille de papier ou dans notre environnement).

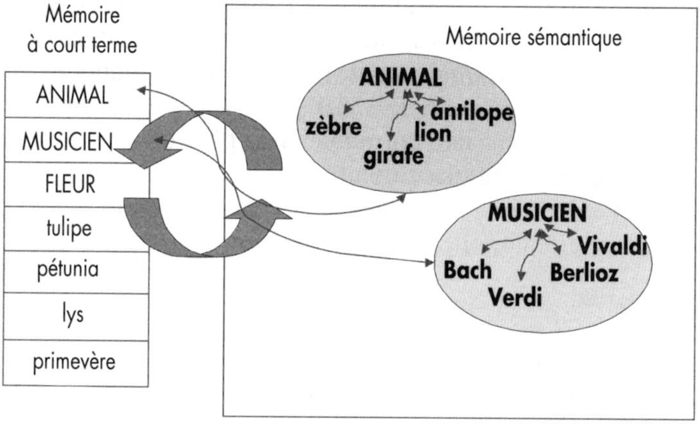

Figure 3.6

« Va-et-vient » entre la mémoire à court terme et la mémoire à long terme dans la récupération.

Au moment du rappel, le processus de récupération se déroulera dans le sens inverse de la mémorisation (fig. 3.6). Le sujet rappellera d'abord les mots de la dernière catégorie « fleur ». Puis, le nom de catégorie « musicien » servira d'indice pour aller récupérer les mots enregistrés en mémoire sémantique, et lorsque ces mots seront rappelés, ils seront effacés de la mémoire à court terme afin de permettre la récupération de la dernière catégorie « animal ». La mémoire à court terme fonctionne ici comme une sorte de mémoire-fichier, en ne conservant que la « fiche » des livres, les noms de catégories.

Les plans de rappel : la clé des procédés mémotechniques

Une économie encore plus spectaculaire serait réalisée si un lien pouvait réunir les noms de catégories avec une sorte de fil d'Ariane. Par exemple, si les trois catégories étaient « fleurs, arbres, fruits », il suffirait de garder en mémoire à court terme une seule « fiche », la supercatégorie « plante » : c'est le plan de récupération (ou plan de rappel).

C'est ainsi que Gordon Bower et ses collègues (Bower, Clark, Lesgold et Winzenz, 1969) ont montré l'efficacité spectaculaire d'un plan de rappel hiérarchique, en imaginant une liste superorganisée selon une hiérarchie de catégories : une liste de plus de 100 mots est présentée sous la forme de 4 planches d'une quarantaine de mots emboîtés dans des catégories de niveaux croissants (fig. 3.7), les animaux, les plantes, les minéraux (notre exemple) et les instruments :

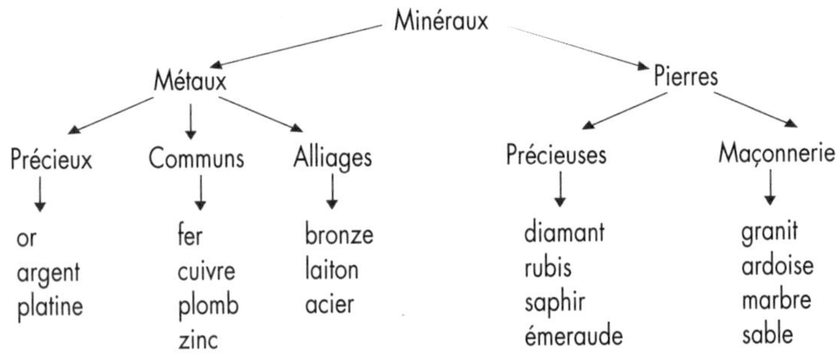

Figure 3.7
Plan de rappel hiérarchique : exemple de planche des « minéraux » parmi les quatre planches (d'après l'expérience de Bower, Clark, Lesgold et Winzenz, 1969).

Par contraste, tous les mots sont présentés de façon mélangée dans quatre planches pour un groupe contrôle. Dans ces conditions, le rappel de la condition organisée est spectaculaire dès le premier essai, puisque **73 mots en moyenne sont rappelés** (10 fois la capacité de 7) contre 21 dans la condition contrôle (mots en désordre) ; les sujets apprennent la totalité des 112 mots en trois essais dans la condition organisée.

De nombreuses méthodes et procédés mnémotechniques apparaissent à la lumière des recherches modernes comme des plans de récupération…

Troisième partie

CLASSIFICATION ET ÉVALUATION DES MÉTHODES

Depuis l'Antiquité, les hommes ont cherché à améliorer leur mémoire en inventant des méthodes ou procédés « mnémotechniques » (1re partie), mais ce n'est qu'avec les connaissances actuelles que nous pouvons expliquer les modes de fonctionnement de ces procédés. En simplifiant le fonctionnement de la mémoire avec deux mémoires, la mémoire à court terme (ou de travail) et la mémoire à long terme (réduite à la mémoire sémantique), l'explication des différences entre reconnaissance, rappel indicé et rappel libre, peut être résumée simplement (fig. 1) :

- Pour reconnaître un mot comme ayant été mémorisé, tel « café », dans une liste de courses, il suffit qu'un épisode ait été enregistré. La présentation du même mot permettra l'accès direct au concept, puis à l'épisode en créant une impression de « déjà vu ».
- Pour le rappel indicé, il faut une association avec un indice pour accéder au concept (café), ce qui facilite l'accès à l'épisode (le mot « café » appris dans la liste de courses). Le nom de catégorie, « petit déjeuner » par exemple (fig. 12.1), est un indice puissant pour conduire au mot « café » puis à son épisode.
- Pour le rappel libre, il faut que le mot soit en mémoire à court terme pour accéder à l'épisode. Sinon, un indice intermédiaire est nécessaire (ex. pain qui évoque « petit déjeuner »). Or, la mémoire à court terme a une capacité limitée, ce qui explique la faiblesse du rappel. Le plan de rappel est une organisation d'indices ou de mots qui unit tous les mots de la liste. Dans l'exemple des courses, la catégorie « petit déjeuner » associe trois mots : café, pain, beurre, et on peut fabriquer une phrase clé pour réunir « phonétiquement » les autres mots (**ci**tron, **less**ive, **ci**re, **tom**ate), par exemple : « **Si les Si**res se lèvent **tôt**. »

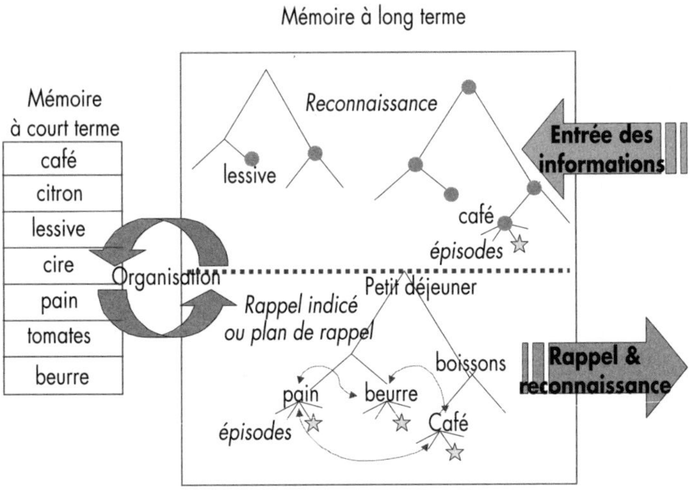

Figure 1

Fonctionnement des modes de récupération en mémoire : reconnaissance, rappel indicé et plan de rappel

Remarque : l'organisation (plan de rappel) est symbolisée par des flèches entre les concepts.

Les méthodes pour aider la mémoire peuvent ainsi être classées en se basant sur trois grands types de fonctionnement (Lieury, 1996) : les codes (y compris l'organisation), les indices et les plans de rappel (ou de récupération, fig. 2).

Les codes permettent des possibilités variées. Au minimum, le code assure une substitution de symboles par d'autres symboles (le code morse), mais dans la mémoire, il y a souvent addition de plusieurs codes. Par exemple, le code imagé est souvent efficace, parce qu'il permet d'intégrer deux mots (ou plus) en une seule image ; on parle alors de code d'intégration, de médiation ou d'organisation. Nous en verrons de nombreux exemples, notamment à propos du code « chiffre-lettre ». Le plus souvent, un codage est assuré pour permettre une meilleure organisation, de sorte que les deux aspects seront liés dans une même partie.

Les indices (de rappel ou de récupération) sont les éléments qui permettent de récupérer les unités stockées d'information, un peu comme la fiche indique le numéro de classement du livre dans les rayons de la bibliothèque. Comme il y a plusieurs mémoires (plusieurs « bibliothèques »), les indices sont variés, des rimes du poème (mémoire lexicale) aux photographies de l'album de famille (mémoire des visages).

Les codes
- verbal
- imagé
- sémantique
- code chiffre-lettre

Les indices
- rimes
- images, photos
- associations
- abréviations, symboles
- liste type, mémo

Les plans
- image : méthode des lieux, schéma
- langage : mot clé, phrase clé
- sémantique : arborescence...
- code chiffre-lettre : formule, table de rappel

Figure 2
Classification des procédés mnémotechniques.

Enfin, les plans de rappel (ou de récupération) sont nécessaires, dès que l'environnement ne nous fournit pas d'indices. Le plan consiste donc en une organisation destinée à servir de « fil conducteur » entre les indices. Ces plans peuvent être construits à partir de différentes mémoires. Il existe donc des plans basés sur l'image (mémoire imagée), le langage (mémoire lexicale), la logique et la sémantique (mémoire sémantique). Il existe des plans basés sur des codes singuliers, comme ce code chiffre-lettre qui a donné lieu à des astuces fort ingénieuses, mais pas toujours très utiles car orientées vers l'apprentissage par cœur plutôt que vers la mémoire sémantique qui apparaît la plus fondamentale...

1 LE POUVOIR DES CODES

1 Le code phonétique et lexical

La découverte de la mémoire lexicale permet d'expliquer l'efficacité relative d'un certain nombre de procédés de mémoire basés sur le codage phonologique (ou phonétique) comme les calembours de Guyot-Daubès.

Jusque vers les années 1960, les psychologues de l'apprentissage réalisaient couramment leurs expériences avec des syllabes sans signification, comme XEF, HAB... Mais le chercheur américain Bugelski, s'aperçut (1962) que les sujets n'apprenaient pas telles quelles les syllabes, mais qu'ils essayaient de les intégrer dans des mots ou des petites phrases : pour apprendre le couple DUP-TEZ, beaucoup imaginaient le mot DEPUTIZE (en anglais député), ou CEZ-MUN devenait SAYS MAN (dit à l'homme). Par la suite, certains chercheurs confirmèrent dans des expériences méthodiques l'efficacité de ce procédé : on compare à un groupe contrôle un groupe de sujets à qui l'on fournit un mot qui permet d'intégrer la syllabe sans signification, par exemple, on donne NATION pour la syllabe AI, ou CAGE pour mémoriser CAG. Le recodage en mot, codage lexical, est efficace, comme on le supposait.

En revanche, si l'intégration dans un mot existant n'est pas possible, le codage dans une séquence prononçable (comme si c'était un mot) est encore efficace (ex. DAGE) : cette fois, c'est le code phonologique. Le code phonologique est une sous-partie du lexical mais très importante, sans doute parce que le langage est d'abord appris « oralement » chez l'enfant ; jusqu'à l'apprentissage de la lecture, le lexical n'est donc que « phonologique ». Notre lexique est composé de mots qui obéissent, pour une langue donnée, à des règles phonétiques, syllabes fréquentes (ou, ain, en, par...), et les nouveaux mots qui se conforment à ces règles fréquentes sont donc plus faciles à mémoriser. Par exemple, des séquences CVCV (C = consonne et V = voyelle) sont plus faciles que des séquences CCVV. D'ailleurs, dans la vie courante, les sigles sont généralement fabriqués pour être prononçables, comme dans ONU ou LASER – en réalité, des formes modernes des formules cabalistiques de Guyot-Daubès.

Naturellement, ce procédé n'est pas infaillible, et plus le rapport phonologique est lointain, plus les erreurs de décodage sont probables. César Florès, de l'université de Nice, avait montré (1964) que lorsque la syllabe était parfaitement intégrable, comme FIC dans DIFFICULTÉ, le score de reconnaissance était double par rapport aux syllabes imparfaitement intégrables, comme SEN dans XÉNOPHOBE. Enfin, d'autres chercheurs (Underwood et Erlebacher, 1965...) ont mis en évidence que plus le nombre de règles de codage est grand, moins le décodage est efficace. Ainsi, il est plus facile de rappeler des anagrammes produites à partir de la permutation des deux premières lettres que celles construites en permutant des lettres au milieu du mot. Au total, les méthodes de recodage lexical ou phonologique sont donc efficaces mais non infaillibles. En règle générale, plus le codage est compliqué, plus le risque d'erreur est grand.

2 Codage et associations sémantiques

Lorsque nous devons, au contraire, apprendre des suites de mots, notamment des couples de mots, il faut cette fois les organiser avec des associations sémantiques ou dans une unité sémantique, la phrase. Nous retrouvons un procédé de Guyot-Daubès, celui des associations verbales qu'il proposait pour mémoriser les départements et leur chef-lieu, comme dans l'exemple : « Albi toi ma fille, il se fait Tarn ». Là encore, de nombreuses expériences ont souligné que d'intégrer deux mots en une phrase, comme VACHE-BALLE dans LA VACHE JOUE À LA BALLE était efficace. La méthode d'association (ou médiation verbale), qui consiste à trouver une association commune aux deux mots, par exemple le mot « laboratoire » pour MICROSCOPE-laboratoire-BACTÉRIE, paraît aussi efficace que l'intégration dans une phrase telle que : « le scientifique utilise un microscope pour étudier la bactérie ». Dans cette dernière expérience (Garten et Blick, 1974), la médiation ou la phrase permettent de rappeler 75 % des couples de mots au bout d'une semaine contre 55 % de rappel dans un groupe contrôle (qui apprend sans instructions).

L'équivalence de résultats entre la technique de la phrase clé et la médiation par un mot clé, suggère que les deux procédés opèrent par le même mécanisme : celui de faire une association, un chemin, entre les concepts de la mémoire sémantique. Par exemple, les mots « vache » et « balle » sont difficiles à mémoriser, parce qu'ils font partie de champs sémantiques différents ; le verbe « jouer » permet de les relier, comme le ferait également d'autres phrases du genre « le fermier joue à la balle avec la vache », « le toréador joue à la balle avec la vache »... Le rôle des associations sémantiques explique aussi que la médiation imagée (intégrer les mots dans une image, *cf.* § 13.3) et la médiation verbale (mot clé ou phrase) aboutissent à des résultats équivalents.

3 Le code imagé

Les conseils d'utiliser les images pour faciliter la mémoire remontent à l'Antiquité (*cf.* 1re partie). Les études scientifiques (Paivio, 1971 ; Denis, 1975, 1979, 1989) ont confirmé que mémoriser sous forme imagée est efficace mais grâce à deux grands mécanismes que nous avons décrits (2e partie) : le double codage et l'organisation, ou le mixage des deux.

Bizarrerie ou organisation ?

Dans l'Antiquité et jusqu'à la Renaissance, les Anciens pensaient que la bizarrerie était une condition pour améliorer la mémoire, procédé qui conduisait à des absurdités que Descartes condamna. Des chercheurs ont montré que ce n'était pas la bizarrerie en soi qui était efficace mais l'organisation qu'elle permettait (tout comme « la vache qui joue à la balle »). Voici une expérience très démonstrative de Senter et Hoffman, de l'université de Cincinatti (1976). Des paires de dessins sont présentées pendant 10 secondes, les dessins étant communs ou bizarres, d'une part, et les objets de chaque paire étant présentés en deux dessins séparés ou intégrés en un même dessin, d'autre part. Voici un exemple (sous forme de mots, car seuls les dessins sont présentés) pour chacune des quatre combinaisons :

DESSINS SEPARÉS
– commun : un cigare ; un piano
– bizarre : un cigare allumé aux deux bouts ; un piano émettant tout seul des notes (bulles comme dans une BD)

DESSINS INTÉGRÉS
– commun : un cigare posé sur un piano
– bizarre : un piano fumant un cigare

Les résultats (tab. 1.1) prouvent que l'organisation, intégration de deux dessins en un seul, est très efficace (environ 85 %), alors que la bizarrerie ne produit pas d'amélioration notable, que ce soit pour les dessins intégrés ou séparés. Les Anciens confondaient donc les choses : afin d'organiser des éléments ensemble, on est conduit à opérer des associations bizarres, mais ce n'est pas la bizarrerie qui est efficace, c'est l'organisation. Différentes applications peuvent être déduites de ce mécanisme. Dans la réalisation des logos (les marques de société), celui qui permet d'intégrer le nom et un dessin représentant l'activité commerçante ou industrielle est plus efficace que s'il n'y a pas d'intégration. Ainsi Kathy et Richard Lutz (1977), de l'université de Californie, ont montré que le logo « DIXON » pour une entreprise de travaux était deux fois plus efficace (rappel du nom et de l'activité), si l'on représentait le X sous forme de deux grues croisées.

Dessins	Communs	Bizarres
intégrés	86 %	85 %
séparés	57 %	64 %

Tableau 1.1
Efficacité de l'organisation et de la bizarrerie (d'après Senter et Hoffman, 1976).

Mettre un nom sur un visage

Après Pierre de Ravenne (1491) qui utilisait comme images des visages de femmes, l'Américain Lorayne dans son ouvrage *How to Develop a Super-Power Memory* (Comment développer une mémoire super-puissante, 1958) propose une méthode pour apprendre les noms des personnes en les associant à leur visage. Il prétend ainsi être capable d'apprendre le nom de 400 personnes en 7 minutes. Les Anglais Peter Morris, Susan Jones et Peter Hampson (1978), de l'université de Lancaster, ont testé cette technique. Ils ont choisi des photographies dans des journaux et les ont associées à des noms recueillis dans l'annuaire. La méthode consiste à associer un trait distinctif du visage à un trait phonétique du nom : si M. Gardin a un gros nez, on associe une image de mot similaire, par exemple un **jardin** (pour **Gardin**) et on imagine un gros nez qui pousse comme une carotte : il y a donc codage imagé et association entre l'image évoquant le nom et un trait distinctif, le gros nez. Dans le groupe contrôle, les sujets doivent associer les visages et les noms sans indication de technique :

	Test 1	Test 2
Groupe « imagé »	44 %	92 %
Groupe contrôle	38 %	41 %

Tableau 1.2
Efficacité de la méthode imagée pour les noms de visages (d'après Morris et al., 1978).

Lors d'un premier test avec 13 visages, les résultats ne sont pas concluants (tab. 1.2), la différence du groupe « image » étant très faible, mais au second test, la méthode est deux fois plus efficace avec une association correcte du nom de 92 % lorsqu'on présente les visages. Il a fallu un entraînement à organiser. Il ne faut donc pas crier au miracle, d'autant que le nombre de visages est 13, ce qui est loin des 400 visages de Lorayne. Il s'agit d'une méthode commerciale courante que Quintilien critiquait déjà dans l'Antiquité : le mnémoniste professionnel attribue à sa méthode des pouvoirs qui sont en grande partie dus à ses aptitudes et à son entraînement personnel.

L'acquisition d'un vocabulaire étranger par un mot clé imagé

Une application similaire concerne l'acquisition d'un vocabulaire étranger. Elle a été testée par Richard Atkinson, de l'université de Stanford, coauteur d'une célèbre théorie de la mémoire dans les années 1970 (le modèle d'Atkinson et Shiffrin) avec Michael Raugh, informaticien motivé par l'apprentissage assisté par ordinateur.

Richard Atkinson raconte dans l'un de ses articles (1975) qu'ils étaient intrigués par les procédés mnémotechniques et décidés à les appliquer dans l'apprentissage assisté par ordinateur. Atkinson ne cite pas d'auteur, mais la méthode développée est lointainement inspirée de la glossotechnie de l'abbé Moigno *via* Loisette et autres mnémonistes américains. Par exemple, Moigno suggérait d'associer « charpenterie » pour apprendre le mot anglais *tree* (qui se prononce « tri ») signifiant arbre. Ce procédé, appelé méthode du mot clé outre-Atlantique, est dénommé « double chaîne » en France, puisqu'il consiste en un double codage ou une double association, phonétique et sémantique.

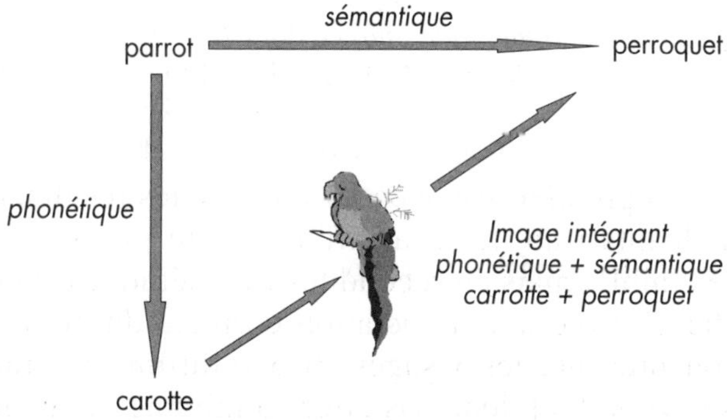

Figure 1.1
Exemple de la méthode du mot clé ou double chaîne dans l'acquisition d'un mot étranger.

Pour le mot anglais (*parrot* = perroquet), il faut trouver un mot clé (carotte) qui code un trait phonologique distinctif (pas nécessairement tout le mot), puis il s'agit d'intégrer le mot clé (carotte) et le sens (perroquet) dans une image intégrée, ici un perroquet qui s'installe sur une carotte. Un autre exemple simple est d'apprendre le mot anglais *book* en imaginant un bouc sur la couverture d'un livre, etc.

Les auteurs ont fait apprendre avec cette méthode un vocabulaire de 120 mots russes grâce à un apprentissage sur 3 jours. Dans la condition « mot clé », le pourcentage de bonne traduction du mot étranger est de 72 %, tandis qu'il n'est que de 46 % dans le groupe contrôle qui apprend par simple répétition. Six semaines plus tard, le groupe « mot clé » rappelle encore 43 % de traductions correctes contre 28 % pour le groupe contrôle. Michael Pressley a trouvé également des résultats positifs de la méthode, sur des enfants de 7 et 11 ans, pour des mots espagnols. La méthode, basée sur des codages et une organisation, est donc très efficace, mais on note à nouveau dans ces évaluations scientifiques que le succès est loin d'être infaillible et qu'il subit les lois ordinaires de l'oubli.

Néanmoins, si cette méthode peut servir d'appoint, notamment pour apprendre des mots difficiles à mémoriser ou un vocabulaire minimum avant de partir en vacances, etc., elle est probablement trop simpliste pour être généralisée à l'acquisition d'une langue étrangère. En effet, l'apprentissage de la bonne prononciation est plutôt de type procédural et nécessite un entraînement articulatoire qui s'opère mieux en laboratoire de langue que par la médiation de l'image. Enfin, la méthode imagée s'avère peu utile pour l'acquisition de la syntaxe.

4 Le code chiffre-lettre

Chez la plupart des gens, les chiffres sont difficiles à mémoriser, et c'est pourquoi le mathématicien français Pierre Hérigone avait inventé le principe du code chiffre-lettre (*cf.* 1re partie). Le principe de tout code chiffre-lettre est de transformer les chiffres d'un numéro en lettres, puis de former un mot (ou plusieurs mots). C'est donc plutôt en tant que code associé à un mécanisme d'organisation que le code chiffre-lettre est censé être efficace. Il existe différents procédés. Le plus simple consiste à coder les chiffres par le nombre de lettres d'un mot. C'est celui-ci qui est mis en œuvre dans cette formule célèbre qui code dix décimales du nombre Pi : « que » contient 3 lettres, « j'» 1, « aime » 4, soit le célèbre 3,14...

Que j'aime à faire connaître ce nombre utile aux sages.
Nombre de lettres : 3 1 4 1 5 9 2 6 5 3 5

D'autres utilisent les numéros de départements pour coder des nombres, ce qui requiert évidemment une connaissance parfaite de ces numéros. Jung (1963) a étudié l'efficacité d'un procédé qui consiste à coder les chiffres par les lettres qui leur sont associées sur le cadran téléphonique des anciens téléphones. Dans une condition contrôle, des numéros de 7 chiffres sont à mémoriser, dans une deuxième condition, les deux premiers chiffres sont codés en lettres, et dans une troisième condition, tout le numéro est codé de façon à former des mots ou des syllabes prononçables. Le rappel est respectivement de 4,9 numéros dans la condition contrôle, de 8,4 numéros dans la condition « préfixe codé » et de 27,4 numéros dans la condition « codage verbal complet », soit environ cinq fois plus. Le recodage verbal des chiffres est donc performant.

Les mnémonistes (*cf.* 1re partie) ont perfectionné un code chiffre-lettre élaboré ne portant que sur des consonnes du même groupe phonologique et permettant de construire une grande variété de mots en laissant libres les voyelles. Le code moderne est celui d'Aimé Paris (tab. 1.3) dont voici le rappel (on prononce les sons de façon consonantique et non comme dans l'alphabet : « je » et « gueu » et non « ji » ou « gé ») :

0	1	2	3	4	5	6	7	8	9
s	t	n	m	r	l	ch	k	f	p
z	d	gn				j	gu	v	b
ç						ge	qu		

Tableau 1.3
Code chiffre-lettre d'Aimé Paris (1825).

Un bon exemple d'application est la mémorisation de dates d'invention du XIXe siècle. Toutes les dates commençant par 18..., seuls les deux derniers chiffres sont codés :

Branly, la radio en 1890 : la radio amène l'orchestre dans une **pièce** (**pi**è**ce** = 90).
Nobel, la dynamite en 1866 : la dynamite est un **joujou** explosif (**j**o**uj**ou = 66).
Otis, l'ascenseur en 1852 : un ascenseur pour la **Lune** (**Lune** = 52).
Waterman, le stylo à plume en 1884 : un stylo à plume de **fer** (**fer** = 84).

Le même principe fonctionne avec n'importe quel domaine. Voici quelques dates pour les amateurs d'opéra :

1805, *Fidelio* (Beethoven) : Beethoven a mis tout son **zèle** dans *Fidelio* (**z**è**l**e = 05).
1816, *Le Barbier de Séville* (Rossini) : le « Barbier » de Rossini n'a pas **d'âge** (**d**'â**g**e = 16).
1843, *Le Vaisseau fantôme* (Wagner) : le vaisseau de Wagner n'a pas de **rame** (**r**a**m**e = 43)
1853, *La Traviata* (Verdi) : c'est toute **l'âme** de Verdi (**l**'â**m**e = 53).
1859, *Faust* (Gounod) : Marguerite était **l'appât** du diable pour Faust (**l**'a**pp**ât = 59).
1864, *La Belle Hélène* (Offenbach) : Hélène était **chère** à Offenbach (**ch**è**r**e = 64).

Ces quelques exemples vous suffiront, je pense, à constituer quelques mots ou phrases clés afin d'apprendre, le cas échéant, un numéro de carte bancaire, quelques numéros de téléphone ou quelques dates repères... à condition naturellement d'apprendre le code chiffre-lettre parfaitement. Mais ne tombez pas dans les excès des mnémonistes du XIXe siècle, qui passaient beaucoup de temps à s'entraîner. Les agendas remédient fort bien au quotidien à nos petites défaillances de mémoire...

2 LA FORCE DES INDICES

Lorsque les souvenirs ou les connaissances sont codés et stockés en mémoire, il reste à les retrouver parmi des milliers d'autres informations. Ce sont les indices de récupération qui, comme dans un jeu de piste ou telle la fiche d'un livre en bibliothèque, permettent de retrouver le lieu de stockage.

Une grande variété d'informations peut servir d'indices. Il peut s'agir d'une photographie qui déclenche des souvenirs auxquels on ne pensait plus, de la musique d'un film, parfois d'une odeur à l'instar de la très célèbre madeleine de Proust. Le mécanisme de la récupération est si efficace que des indices non spécifiques suffisent parfois. C'est le cas du nœud à son mouchoir qui, bien souvent, permet de retrouver ce que l'on devait faire. Guyot-Daubès raconte une coutume paysanne qui consistait à disposer dès le matin un nombre de cailloux correspondant aux actions à accomplir. Naturellement, ces indices sont sujets à de fortes interférences, du fait de leur similitude, comme nous le verrons. Mettre dix nœuds à son mouchoir ne permettrait pas de rappeler dix rendez-vous dans la journée...

1 Les indices lexicaux : graphiques et phonétiques

Du fait de l'importance du code lexical, les indices graphiques ou phonétiques sont très importants. Marafioti avait inauguré ce procédé (1604), en conseillant d'écrire des marques sur les phalanges, et Pascal, paraît-il, en écrivait sur ses ongles. Plusieurs études ont montré l'efficacité d'indices graphiques ou phonétiques. En général, celle-ci dépend de la quantité d'informations. Ainsi, l'initiale est moins puissante que la syllabe. En ce qui concerne les parties du mot, la première syllabe est le meilleur indice, suivie de la rime, le milieu du mot étant le moins utile. Voici une expérience synthétique de Tulving et Watkins mettant en évidence que l'efficacité de l'indice augmente avec le nombre de lettres.

Nombre de lettres comme indice	Exemple	% de rappel
0 : rappel libre		24
2 lettres : rappel indicé	TA	28
3 lettres : rappel indicé	TAB	56
4 lettres : rappel indicé	TABL	70
5 lettres (reconnaissance)	TABLE	85

Tableau 2.1
Efficacité des indices lexicaux en fonction du nombre de lettres (d'après Tulving et Watkins, 1973).

Dans cette expérience, une liste de mots de cinq lettres est mémorisée. Selon leur groupe, les sujets reçoivent un nombre croissant de lettres comme indices avec comme cas particulier, soit aucun indice (rappel libre), soit les mots en entier, mais parmi des pièges, c'est la reconnaissance. Les résultats (tab. 2.1) indiquent que les indices sont très efficaces, surtout à partir de trois lettres (la syllabe) où le score est double. La reconnaissance est la plus efficiente, puisque correspondant à l'intégralité des indices lexicaux.

Les abréviations sont des indices lexicaux de ce type. Comme on peut le déduire à partir de l'expérience précédente, il ne faut pas trop restreindre l'abréviation si l'on veut garder son efficacité. Bien que l'initiale d'un mot ne soit pas toujours efficiente, elle peut rendre des petits services dans la vie courante. Par exemple, dans le phénomène du mot sur le bout de la langue où nous cherchons un nom ou un prénom que nous sommes certains de connaître, j'ai remarqué que de faire mentalement l'alphabet (en ajoutant « ch » qui est un début de mot ou prénom fréquent) permet assez souvent de déclencher le rappel du mot perdu, en arrivant à l'initiale du mot recherché.

Les symboles sont des cas spéciaux d'abréviations. Les symboles chimiques représentent un bon exemple d'utilisation d'indices alphabétiques, et l'expérience précédente montrant la faible efficacité d'un petit nombre de lettres confirme l'observation courante. Pour les atomes connus, les abréviations sont adaptées : O pour oxygène, H pour hydrogène, etc. Mais il n'est pas évident que B représente le bore, Sn, l'étain, etc. Du point de vue du fonctionnement des indices, le comble est atteint, lorsque les symboles sont extraits de dénominations anciennes, le plus souvent oubliées, comme N pour l'azote (autrefois « nitre » pour le salpêtre) ou Au pour l'or (du latin *aurum*) ou encore Hg pour le mercure (*hydrargyrum* = argent liquide). Ces observations soulignent un point fondamental du rôle des indices. Ils se bornent à retrouver l'information stockée en mémoire, mais pour cela, il faut qu'elle ait été apprise ; dans le cas contraire, l'indice ne rappelle que lui-même. Ainsi, les symboles Cd, Sb, At n'évoquent-ils le cadmium, l'antimoine et l'astate que pour les spécialistes.

La rime est également un indice connu depuis fort longtemps. L'expérimentation (Lieury, 1971, 1972) le confirme. Les rimes dans la poésie et dans la chanson avaient probablement, notamment dans la tradition orale, une fonction importante : celle d'empêcher les déformations lexicales dues à des dérives sémantiques (ex. rappeler « lapin » plutôt que « lièvre »). Le même nombre de pieds évitait, de plus, d'ôter ou d'ajouter des mots.

Nous avons vu avec Guyot-Daubès des exemples anciens de plusieurs utilisations des indices phonétiques : stalag**t**ite « **t**ombe » et stalag**m**ite « **m**onte » ; en séparant en deux BA-TTERIE, on peut se rappeler que bâbord est à gauche et tribord à droite, etc. Et pour les petits, les comptines demeurent une bonne utilisation des rimes comme indices phonétiques pour faciliter les premières étapes de l'apprentissage des nombres : « Un, deux, trois, nous allons aux bois… »

2 Les indices sémantiques

La mémoire verbale est principalement constituée d'un répertoire lexical, où les indices lexicaux (graphiques et phonologiques) sont efficaces. Mais, la mémoire la plus importante est la mémoire sémantique. Dans cette mémoire, le sens des concepts est vraisemblablement construit par les interconnexions entre concepts. Certains réseaux d'interconnexions sont « flous », comme les associations (souris → fromage), tandis que d'autres réseaux sont plus ou moins ordonnés hiérarchiquement pour former des catégories emboîtées les unes dans les autres (canari → oiseau → animal). Les principaux indices sémantiques sont donc les associations et les indices catégoriels.

Les indices catégoriels sont les indices les plus puissants pour l'information verbale, ce sont eux qu'il faut préférer (quand on a le choix). Voici quelques exemples d'applications :

- les classifications scientifiques, en zoologie, botanique, etc., sont basées sur les catégories (*cf.* les plans) ;
- les titres sont pour les connaissances spécialisées, les équivalents des catégories familières. Le titre d'un chapitre de livre, les titres des paragraphes sont des indices catégoriels qui regroupent des « paquets » d'informations. De plus en plus souvent, les journalistes de télévision présentent d'abord les gros titres avant de les développer ;
- l'étymologie est une catégorisation (à la fois sémantique et phonétique). La racine ou le suffixe grecs peuvent servir d'indice catégoriel pour rappeler la signification de nombreux mots d'une catégorie en zoologie ou d'autres sciences (ex. dans gastéropodes et céphalopodes, « pode » = pied).

3 Les indices imagés

L'autre grande dimension de la mémoire est l'image qui peut naturellement fournir des indices. Les différentes méthodes basées sur l'image que nous avons analysées reposent à la fois sur des codes mais aussi sur des indices : le gros nez du visage rappelle M. Gardin par l'intermédiaire de l'image d'un jardin ; l'image mentale d'un perroquet sur une carotte aide à se rappeler que le mot anglais est *parrot* (fig. 1.1). Les photographies sont des indices très forts dans la vie quotidienne, comme l'ont souligné Harry Bahrick et ses collègues dans une expérience destinée à faire rappeler le nom de camarades de collège (2e partie).

4 La reconnaissance : liste type, QCM, agenda…

Les souvenirs sont basés sur le stockage d'épisodes : par conséquent, accéder directement aux épisodes s'avère la meilleure méthode de récupération. En laboratoire, on étudie la reconnaissance en présentant les mots appris, ou les dessins, visages…, parmi des pièges. La reconnaissance est généralement superpuissante et permet d'atteindre des scores de 70 à 95 %. C'est le meilleur moyen de sondage de la mémoire, car il permet d'accéder à l'épisode avec l'information la plus ressemblante à l'information d'origine.

Chacun en a fait l'expérience… Notamment, chacun commence à regarder un film apparemment nouveau, puis chacun le reconnaît séquence après séquence. C'est encore la reconnaissance qui est en œuvre, lorsque nous revoyons un ami des années plus tard et que nous le reconnaissons malgré les rides du temps. C'est toujours la reconnaissance, lorsque, retournant après des années dans un lieu oublié de notre enfance, des souvenirs renaissent comme s'ils étaient récents. Ainsi, dans le récit de la madeleine de Proust, ce sont certainement les scènes visuelles plutôt que l'odeur de la madeleine qui sont à l'origine de ses souvenirs. Un thérapeute m'a cité le cas d'un patient qui, souffrant d'une amnésie consécutive à une chute de vélo, essaie de retrouver (en partie avec succès) la mémoire en refaisant à vélo ses trajets familiers. Cette fois, c'est une méthode des lieux où les lieux, réels et non imaginaires, servent de messages, comme dans un grand jeu de piste à l'intérieur de la mémoire…

Étant données la puissance et la fiabilité de la reconnaissance, il est important d'en développer les applications :

– la liste type, ou check-list (littéralement liste de vérification) est employée dans l'aviation pour vérifier la liste des commandes et des voyants de contrôle. Plus prosaïquement, pour quelqu'un de distrait qui oublie régulièrement des commissions ou des affaires en voyage, un bon truc est de dresser une liste type et de la vérifier point par point. Comme on reconnaît généralement bien les pièges, il n'est d'ailleurs pas nécessaire de faire une nouvelle liste à chaque fois... On reconnaît très bien les choses dont on a besoin et celles qui sont inutiles à un moment donné... ;

- le QCM, ou questionnaire à choix multiple, est un moyen d'évaluation basé sur la reconnaissance. Pour chaque question est présenté un choix entre une bonne réponse et un ou plusieurs pièges. Ce procédé sonde au mieux ce qui a été stocké et offre des résultats plus positifs qu'un simple rappel (sujet de synthèse sur la feuille blanche). Symétriquement, si le score au QCM est bas, c'est que les connaissances n'ont pas été stockées : on ne peut récupérer que s'il y a des informations à récupérer, c'est comme si on allait retirer un livre dans une bibliothèque vide ;
- l'agenda, ou le mémo (post-it), est aussi une liste de reconnaissances (parfois d'indices lorsque ce sont les abréviations qui sont reportées) qui permettent de « reconnaître » les rendez-vous ou réunions. C'est tellement efficace qu'une bonne excuse pour oublier une réunion est de ne se fier qu'à sa mémoire...

3 L'EFFICACITÉ DES PLANS DE RAPPEL

Les indices permettent d'accéder à l'information utile, mais comment s'en rappeler puisque la mémoire à court terme ne peut les contenir tous ? Un principe très efficace est de relier les indices entre eux par une organisation : le plan de récupération. Le plan de récupération, ou plan de rappel, est une organisation d'indices. Les plans contiennent donc les différents indices que nous avons passés en revue – imagés, phonétiques, catégoriels –, mais aussi des codes spécifiquement inventés comme techniques de la mémoire, le code chiffre-lettre.

1 Les plans basés sur l'image

Connue depuis l'Antiquité et donc la plus ancienne, la méthode des lieux est un plan de récupération basé sur l'image.

La méthode des lieux

La méthode des lieux est un procédé qui consiste à apprendre une liste d'indices imagés, qui servira une fois pour toutes. Chez les Anciens, la liste d'images était formée par les parties d'un palais ou d'une villa (pièces, colonnes, statues, etc.). Des chercheurs américains se sont posé la question de l'efficacité de la méthode des lieux afin de l'employer comme méthodes d'appoint chez des cérébro-lésés.

Herbert Crovitz (1969) a ainsi utilisé un itinéraire fictif de 16 lieux dessinés au tableau d'une classe : une station d'essence, un fleuriste, une prison, un kiosque de presse… La liste de mots à apprendre est composée de 32 mots concrets (ombrelle, marin…), qui sont dictés à la vitesse de 1 mot toutes les 8 secondes. Les sujets doivent – c'est le principe de la méthode des lieux – imaginer les mots et les placer mentalement dans les lieux dans l'ordre de l'itinéraire. Le rappel moyen dans l'ordre est d'environ 85 %, alors qu'il est d'environ 20 %

dans un groupe contrôle qui devait apprendre les mots dans l'ordre sans aide. D'autres expériences ont confirmé cette efficacité (Belleza et Reddy, 1978) avec des lieux familiers évoqués dans une préexpérience par les sujets eux-mêmes (marche de l'escalier, salon, rue pour aller à l'université...). Le rappel des mots associés aux lieux est de 83 % pour un rappel de 47 % dans une condition contrôle. La méthode de Simonide est bel et bien efficace.

Crovitz (1971) a analysé plus finement les processus impliqués, en montrant que la méthode des lieux a bien les propriétés des indices de récupération. Il utilise la liste de 32 mots, mais le nombre de lieux est différent selon sept groupes de sujets : aucun lieu pour le groupe contrôle, et pour les autres groupes, il y a 1 lieu (donc les 32 mots doivent être associés au même lieu), 2 lieux (donc 16 mots par lieu), 4 lieux, 8 lieux, 16 et enfin 32 lieux. La présentation des mots est auditive (magnétophone) et lente, 10 secondes par mot (il est toujours nécessaire que le temps soit assez long pour les opérations de codage et d'organisation). Les lieux sont des magasins ou des édifices d'une rue, dessinés sur des cartons placés devant le sujet pendant toute la durée de l'expérience. Crovitz suppose que cette procédure simule ce qui se passerait pour un sujet qui connaîtrait par cœur les lieux. Voici quelques exemples de lieux :

Exemple de lieux	**Mots à mémoriser**	**Exemple d'association ou organisation**
magasin pour animaux	abricot	un abricot dans une cage à oiseau
cabine téléphonique	pierre	une grosse pierre bloquant la cabine téléphonique
librairie	poupée	la vendeuse de la librairie est une poupée
...	...	...

Tableau 3.1
Exemple d'utilisation de la méthode des lieux (adapté d'après Crovitz, 1971).

La méthode requiert l'intégration du mot à apprendre avec le lieu, en établissant une association verbale ou une image intégrée, comme un abricot qui remplace un oiseau dans une cage du magasin pour animaux (tab. 3.1).

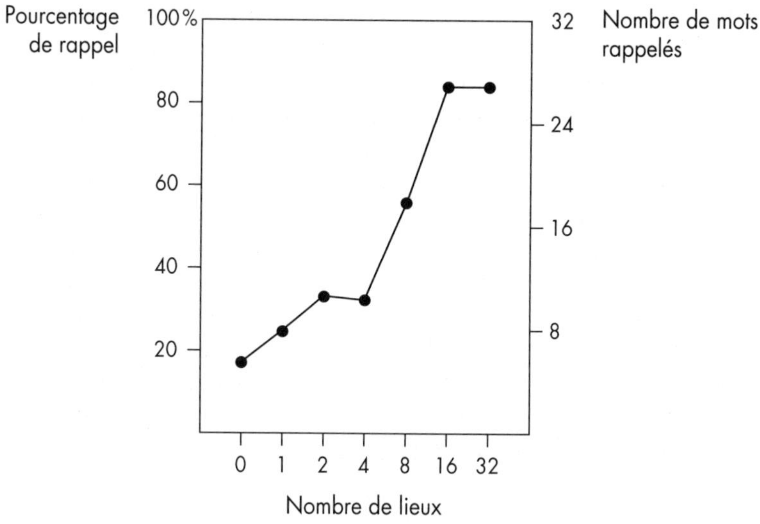

Figure 3.1
Efficacité de la méthode des lieux en fonction du nombre de lieux (d'après Crovitz, 1971).

Les résultats (fig. 3.1) indiquent que l'utilisation des lieux est très efficace d'une manière générale, mais qu'elle l'est d'autant plus que le nombre de lieux est élevé. Notamment, on peut voir sur la figure que le pourcentage de rappel croît faiblement de 0 à 4 lieux, tandis que la performance augmente très rapidement de 4 lieux à 8 lieux pour atteindre le maximum à 16 et 32 lieux ; dans ces derniers cas, le sujet doit associer deux ou un seul mot par lieu. Alors, la surcharge est faible ou nulle, le sujet pouvant facilement intégrer deux images ensemble, alors qu'il est pratiquement impossible d'intégrer 16 mots en une seule image pour un seul lieu. La conséquence pratique de ces résultats est qu'il est nécessaire de stocker un petit nombre d'éléments (moins de 4) par indice de rappel (ici les lieux). L'idéal est naturellement de ne stocker qu'un seul mot par indice ou par lieu.

Si la méthode des lieux fonctionne comme un plan de récupération, en fournissant des indices, ces derniers ne devraient plus être utiles par rapport à une épreuve de reconnaissance où les informations spécifiques sont données. En effet, les indices de récupération ont pour rôle de retrouver le lieu de stockage des épisodes, mais dans la reconnaissance, l'accès est direct grâce à l'emploi des mots cibles eux-mêmes. Groninger, de l'université du Maryland, a confirmé cette supposition déduite de la théorie de la récupération. Une liste de 25 mots est apprise jusqu'à son acquisition complète (plusieurs essais sont nécessaires) soit sans aide dans un groupe contrôle, soit dans un groupe dont les sujets ont préalablement appris un itinéraire personnel de 25 lieux. Cinq semaines plus tard, on sonde la mémoire des sujets des deux groupes par 4 tests différents : a) le rappel dans la bonne position (le 2e, le 13e, le 25e...) ; b) le rappel dans la bonne position relative (ex. tel mot est bien après tel autre) ; c) un rappel libre ; d) la reconnaissance parmi des mots pièges.

	Mode de sondage			
	Bonne position	**Position relative**	**Rappel libre**	**Reconnaissance**
Méthode des lieux	79 %	84 %	91 %	96 %
Groupe contrôle	38 %	49 %	73 %	95 %

Tableau 3.2

Efficacité de la méthode des lieux en fonction de la méthode de sondage (d'après Groninger, 1971).

La méthode des lieux (tab. 3.2) est à nouveau très efficace par rapport au groupe contrôle mais surtout quand on exige un rappel dans la bonne position numérale (79 % contre 38 %). La méthode perd progressivement son utilité, lorsque les exigences de rappel sont moins grandes, comme dans le rappel libre. Et la reconnaissance est tellement efficace que le groupe contrôle « rattrape » le groupe qui s'est servi de la méthode des lieux. Une conséquence pratique essentielle se dégage de cette importante expérience. La méthode des lieux, et d'une façon générale tout plan de récupération, sera utile en rappel et surtout lorsqu'il y a une exigence d'ordre – ce qui est rare. Mais une telle méthode (et tout plan de récupération) est vaine dans toutes les situations où l'on peut retrouver l'information utile (reconnaissance), en consultant un agenda, un mémo, un livre…

Une application bien pratique d'utilisation de la méthode des lieux est le « plan de table » ; je l'ai observé à maintes reprises. Comme je dois fréquemment assister à des réunions avec des personnes différentes (aux attributions différentes), j'ai trouvé utile de faire le schéma d'un plan de table, en positionnant les noms des personnes autour de la table et leur fonction. Une relecture de ce « plan de table » avant une autre réunion permet de bien me remémorer le visage et la fonction des personnes en question. Après tout, n'est-ce pas ainsi, d'après la légende, que Simonide aurait découvert la méthode des lieux !

Le schéma

C'est peut-être Napoléon qui aurait déclaré qu'un schéma est meilleur qu'un long discours. En tout cas, cette assertion est conforme à la supériorité de l'image sur le mot. Mais l'image tient elle-même sa supériorité d'un double codage, imagé et verbal, ce qui laisse entrevoir quelques limitations. Sans entrer dans de subtiles distinctions entre schéma, dessin, figure, carte, etc., le schéma, dans le sens d'organisation de différents éléments, paraît être pour ce qui nous concerne un plan de récupération, c'est-à-dire une organisation d'indices, figuratifs comme le dessin des éléments d'une fleur ou de parties mécaniques, ou conventionnels comme dans une carte de géographie.

Ainsi, le simple tour de France, mental et non à bicyclette, paraît fonctionner comme un plan de récupération. Alain Moreau (1973), de l'université de Nice, a montré que l'apprentissage de 45 noms de villes françaises dans l'ordre d'un tour de France permet un rappel de 47 % dans leurs positions relatives correctes, tandis que l'apprentissage dans un groupe contrôle ne donne que

35 % de villes correctement placées dans la liste. À l'inverse, si l'on ne tient pas compte des erreurs de position relative, les différences entre groupes disparaissent. Le tour de France (mental) n'est utile que pour le rappel des villes dans l'ordre.

Dans une expérience très analytique de Jean-François Vezin (1970), de l'université Paris 8, l'implication du code verbal est étudiée (je simplifie son expérience qui met en jeu d'autres comparaisons). Le concept d'inflorescence (groupe de fleurs attachées à la même tige) est appris par des élèves de sixième dans deux conditions :

- soit par une description verbale, par exemple de définition : grappe = fleurs ayant des queues alternées le long de la tige ; ombelle = fleurs attachées en un seul point de la tige principale, etc. ;
- soit par des schémas, comme ci-après :

Vezin a pris soin de comparer l'efficacité du schéma en fonction de différents modes de contrôle des connaissances. Cette précaution s'avère essentielle. Pour une tâche de classification de plusieurs dessins d'inflorescences, l'apprentissage par le schéma donne de meilleurs résultats que l'apprentissage verbal (67 % contre 46 %). Pour une tâche de dénomination de schémas d'inflorescences (simples ou composées), le schéma se révèle être encore un meilleur procédé d'apprentissage (63 % contre 23 %). En revanche, lorsqu'il est demandé aux élèves d'énoncer par écrit le principe qui les a conduits à une classification, le groupe qui a appris verbalement (définitions) se révèle supérieur au groupe qui a appris par schéma (58 % contre 15 %). D'après d'autres recherches de Vezin et d'autres auteurs (Vezin, 1972), il semble que le schéma soit une technique d'apprentissage spécialisée à certains types d'informations : la principale caractéristique du code imagé, donc du schéma, est de présenter plusieurs informations simultanément, alors que le code verbal présente séquentiellement l'information, ce qui est souvent plus long. Par exemple, une carte de géographie peut contenir 100 noms sans qu'elle paraisse surchargée, ce qui apparaît immédiatement avec la liste des noms. Ce caractère simultané de la présentation par le schéma peut être mis à profit pour présenter des éléments généraux en un seul ensemble et mieux en concevoir les relations (ex. carte de géographie, cycle de reproduction en biologie...).

En revanche, le code verbal est nécessaire pour la dénomination (double codage, *cf. infra*), sans laquelle les éléments figuratifs ne sont pas distingués et identifiés (c'est le cas d'une photo d'une dissection ou d'une coupe au microscope sans aucune légende). Ainsi Richard Mayer, de l'université de California à Santa Barbara, qui a beaucoup travaillé dans ce domaine, a souligné avec Richard Anderson (1991) que le double codage, c'est-à-dire à la fois la présentation imagée et le commentaire verbal, est le plus efficace. Le thème porte sur le fonctionnement de la pompe à vélo. Selon différents groupes, le principe est présenté en codage verbal (explication verbale), en codage imagé (présentation d'une animation à partir d'un schéma à différentes étapes du fonctionnement avec la position de valves) et en double codage avec l'addition des schémas et des commentaires ; un quatrième groupe contrôle est testé sans présentation (sur la base des connaissances antérieures). Alors que, dans un test de rappel verbal, le score du groupe contrôle est de 30 %, les groupes avec explications verbales ont des scores de plus de 60 % (le groupe avec animation sans dénomination verbale est intermédiaire avec 45 %). Dans une tâche de résolution de problèmes où les sujets ont à déduire certaines conséquences, c'est le groupe « double codage », animation + commentaires verbaux, qui est le meilleur avec une performance de 62 % contre moins de 40 % pour tous les autres groupes. Le schéma a donc les caractéristiques de son origine, l'image, et nécessite un double codage pour une efficacité réelle...

2 Les plans basés sur les mots

Le mot clé, la phrase clé, l'histoire clé

Une méthode très courante de la mémoire consiste à faire des mots avec les premières lettres ou syllabes des mots d'une liste, ou des mots principaux d'un texte. Selon le nombre d'éléments à mémoriser, on peut intégrer les syllabes en un seul mot ou dans une phrase : c'est la technique du mot clé ou de la phrase clé. Du point de vue de la mémoire, on peut considérer une histoire, un récit (Fayol, 1985) ou un scénario, comme une sorte de plan de récupération. Lorsqu'il y a peu de mots à intégrer, le mot clé peut suffire à organiser les indices : par exemple, le mot SATURNE sert de mot clé intégrant les premières syllabes des trois planètes dans l'ordre de leur éloignement par rapport au Soleil : SATurne, URanus, NEptune. Lorsqu'il y a beaucoup de mots à intégrer (environ 3 ou 4, les mots de plus de quatre syllabes étant rares), c'est la phrase clé qui est utile. Par exemple, pour rappeler toutes les planètes :

Me	Voici	Tout	Mouillé	Je	Suis	Un	Najeur	Pressé
Mercure	Vénus	Terre	Mars	Jupiter	Saturne	Uranus	Neptune	Pluton

De nombreux procédés familiers sont des phrases clés, par exemple pour rappeler les écrivains du XVIIe siècle :

Sur la racine	de la bruyère	la corneille	boit l'eau	de la fontaine	Molière
Racine	La Bruyère	Corneille	Boileau	La Fontaine	Molière

Dans l'exemple précédent, le mot entier est dans la phrase clé (Racine, Corneille…), mais dans d'autres, elle intègre des indices phonétiques, par exemple, l'initiale comme pour les planètes ou les premières syllabes : cette phrase, utile pour les étudiants en géologie, « Cambronne, s'il eut été dévot, n'eût pas carbonisé son père », rappelle les périodes géologiques de l'ère primaire : cambrien, silurien, dévonien, carbonifère, permien.

La phrase clé est parfois significative comme dans les exemples précédents, mais elle peut intégrer un mot non significatif comme dans la phrase « Mais où est donc ORNICAR ? » pour rappeler les conjonctions de coordination « mais, ou, et, donc, or, ni, car ». Ornicar n'a pas de signification et n'est facile à mémoriser que par son caractère prononçable. Ce procédé purement lexical est basé sur la prononçabilité. Le choix de la phrase, significative ou phonétique comme dans la formule « cabalistique », est empirique et dépend uniquement des circonstances. Ainsi deux phrases sont employées par les étudiants de chimie, pour retenir l'ordre des atomes dans la classification périodique (2e et 3e lignes, la 1re ne contenant que l'hydrogène et l'hélium) : la première est une phrase cabalistique « Libébé Cénofné » pour rappeler les symboles chimiques Li, Be, B, C, N, O, F, Ne des atomes de lithium, béryllium, bore, carbone, azote, oxygène, fluor, néon, alors que la deuxième est une phrase clé « Napoléon Mangea Allégrement Six Poissons Sans Claquer d'Argent », ce qui rappelle Na, Mg, Al, Si, P, S, Cl, A pour les atomes de sodium, magnésium, aluminium, silicium, phosphore, soufre, chlore, argon ; remarquons deux indices trompeurs pour le néophyte en chimie, le symbole du sodium est Na (d'où le Napoléon) et l'argent de la phrase clé rappelle Argon et non l'argent, qui est bien un atome mais d'une autre rangée.

Une première cause de l'inefficacité de la phrase clé, c'est que les indices ne peuvent rappeler que des informations préalablement stockées. Les expériences des Anglais Morris et Cook (1978) le montrent bien. Dans une première expérience, les initiales par groupe de cinq mots à mémoriser constituent un mot clé (les initiales étant des consonnes, il faut « combler » avec des voyelles). Les groupes utilisant ces mots clés rappellent moins bien que le groupe contrôle. Les auteurs concluent que le mot clé n'est pas une technique efficace pour rappeler des mots non préalablement connus du sujet, mais que la technique ne donne des résultats positifs que pour rappeler dans l'ordre des mots déjà connus. Pour tester cette hypothèse, les sujets doivent apprendre les jours de la semaine, mais dans des ordres différents ; un groupe est aidé par une phrase clé : par exemple, « Je LèVe Ma MaLaDe » pour rappeler l'ordre : jeudi, lundi, vendredi, mardi, mardi, lundi, dimanche. Dans ce cas, la phrase clé est bien efficace par rapport au groupe contrôle.

Une autre cause de l'inefficacité de la phrase clé réside dans la faiblesse des indices eux-mêmes. Ainsi avons-nous vu (tab. 14.1) que la présentation de 2 lettres comme indices phonétiques était insuffisante (rappel de 28 % par rapport au 24 % du groupe contrôle) et qu'il fallait au moins 3 lettres (syllabe) pour constituer un indice efficace (56 %). Il ne faut pas perdre de vue que la phrase clé est un plan de rappel, donc une organisation d'indices : le plan en lui-même a donc deux faiblesses : l'inefficacité des indices (ex. initiales) et l'organisation des indices entre eux (phrase peu sémantique). Subsidiairement, certains chercheurs se sont demandés s'il était plus efficace que les indices clés (mot clé, phrase clé) soient inventés par les sujets eux-mêmes ou fournis par l'expérimentateur. Les résultats sont ambigus, certains trouvant que la production subjective (par le sujet) est plus efficace (Bobrow et Bower, 1969), ou l'inverse (Pines et Blick, 1974). Des différences tiennent sans doute au degré d'association sémantique entre les mots à apprendre. Lorsque l'association est forte (ex. vache-balle), la production par le sujet est efficiente, mais si l'association est faible (ex. éternité-cobalt), le sujet ne trouve pas toujours d'association. Il faut rappeler, à cet égard, que les processus d'organisation (phrase, image...) prennent du temps, au minimum 5 à 10 secondes par couples de mots à intégrer ; dans ces conditions, si l'association sémantique est faible, il faudra plus de temps pour trouver une organisation possible. Dans ce dernier cas, les phrases clés fournies par l'expérimentateur sont les meilleures. Étudier les phrases clés à partir de listes de mots construites par l'expérimentateur est nécessaire pour manipuler certains facteurs : nombre de lettres de l'indice, degré d'association sémantique, etc.

Avec Élizabeth Leblanc, nous avons évalué quelques phrases clés familières des étudiants (de différentes disciplines). La première phrase permet de rappeler dans l'ordre les périodes géologiques de l'ère primaire. La deuxième est relative aux Sept Merveilles du monde. La troisième permet de rappeler dans l'ordre les roches qui servent de référence dans l'échelle de dureté de Mohs en géologie. Enfin, la quatrième est très connue des étudiants de médecine pour retenir les nerfs crâniens :

> Périodes géologiques de l'ère primaire : **cambr**ien, **silu**rien, **dévo**nien, **carboni**fère, **per**mien.
> Phrase clé : **Cambr**onne, **s'il eut** (prononcer « silu ») été **dévot**, n'eût pas **carboni**sé son **père**.

Sept Merveilles du monde : **p**yramides d'**É**gypte, **ph**are d'**A**lexandrie, **j**ardins suspendus de **B**abylone, **t**emple de Diane à **É**phèse, **m**ausolée d'Halicarnasse, la statue de **Z**eus de **Ph**idias (Olympie), **c**olosse de **R**hodes.
Phrase clé : **P**our **é**tendre la **p**opularité, **a**vec **g**énie et **b**rio, du **th**éâtre de son **é**poque, **M**olière **s**atura de **p**ièces la **c**our du **R**oi.

Échelle de dureté de Mohs : **t**alc, **g**ypse, **c**alcite, **f**luorine, **a**patite, **o**rthose, **q**uartz, **t**opaze, **c**orindon, **d**iamant.
Phrase clé : **T**a **g**rande **c**ousine **f**ollement **a**moureuse **o**se **q**uémander **t**es **c**aresses **d**ivines.

Nerfs crâniens : **o**lfactif, **o**ptique, **m**oteur (oculaire commun), **p**athétique, **t**rijumeau, **m**oteur (oculaire externe), **f**acial, **audi**tif, **g**losso-pharyngien, **p**neumo-gastrique, **s**pinal, **g**rand hypoglosse.
Phrase clé : **Oh** **O**scar, **ma** **p**etite **th**éière **me** **f**ait **à** **g**rand-**p**eine **s**ix **g**rogs.

Dans le groupe « phrase clé », les phrases étaient données lors de la mémorisation avec la liste des mots, tandis que les sujets du groupe contrôle ne disposaient d'aucune aide pour apprendre les quatre listes. Nous avons demandé aux sujets d'apprendre les listes jusqu'à une récitation parfaite, et avons mesuré le temps total d'apprentissage. Pour les périodes géologiques et les nerfs crâniens, il n'y avait pas de différence de temps entre le groupe « phrase clé » et le groupe contrôle. En revanche, le groupe « phrase clé » s'est montré beaucoup plus lent (deux fois plus de temps) que le groupe contrôle pour les Sept Merveilles et l'échelle de Mohs. Ensuite, nous avons testé le rappel au bout d'une semaine, en rappel libre, sans donner la phrase clé qui était apprise également.

	Périodes géologiques	Sept Merveilles	Échelle de Mohs	Nerfs crâniens
Phrase clé	88 %	77 %	78 %	67 %
Contrôle	52 %	57 %	58 %	27 %

Tableau 3.3
Efficacité de quatre phrases clés après 1 semaine (Lieury et Leblanc, cités par Lieury, 1980b).

Les résultats (tab. 3.3) indiquent que les phrases clés pour les périodes géologiques et les nerfs crâniens sont efficaces. En revanche, les deux autres phrases clés donnent des résultats non significatifs par rapport à un groupe contrôle (avec un test statistique, ce qui signifie que l'apparente supériorité du groupe « phrase » n'est due qu'à trop peu de sujets). D'ailleurs, il faut mettre ce dernier résultat en relation avec le temps d'apprentissage qui était deux fois plus long pour les « Sept Merveilles » et l'échelle de Mohs.

La phrase clé des Sept Merveilles est un mauvais plan pour différentes raisons : phrase trop longue, indices trop courts (une seule lettre) parfois de mauvais indices, comme « satura » et « Zeus » qui n'ont pas la même prononciation ; de plus, les informations à rappeler elles-mêmes sont composites, par exemple le « S » doit rappeler Zeus et Phidias (l'architecte qui conçut cette statue). En ce qui concerne l'échelle de Mohs, la difficulté réside dans la difficulté des mots eux-mêmes, les noms de roche comme « corindon, orthose, apatite... » sont méconnus des étudiants (de psychologie) qui ont servi de sujets d'expérience. Dans cet exemple, nous retrouvons une loi essentielle des indices de récupération : ils facilitent l'accès à l'épisode stocké, or si rien n'est stocké (ou insuffisamment), il n'y a rien à récupérer.

Beaucoup de méthodes fonctionnent comme des indices ou des plans de récupération, de sorte qu'elles ne peuvent être efficaces que si les informations à rappeler sont déjà connues (préalablement stockées). C'est le cas des planètes, des écrivains du XVIIe siècle, des conjonctions de coordination. Même la phrase clé la plus facile ou la plus amusante ne pourra permettre de rappeler miraculeusement des éléments inconnus. La phrase amusante « Napoléon mangea allégrement six poissons sans claquer d'argent » ne sera d'aucune aide à un étudiant qui n'aurait pas appris que le symbole atomique « A » désigne l'argon et non l'argent...

En pratique, on peut résumer les règles d'efficacité suivantes :

– il faut de bons éléments : les éléments à rappeler doivent être préalablement connus (stockés) ;
– il faut de bons indices : dans le cas de la phrase clé, ce sont des indices phonétiques ; ils doivent être les plus riches

possibles : par exemple, la première syllabe est supérieure à l'initiale ;

– il faut un bon plan : la phrase clé ne doit pas contenir trop de mots de remplissage, sinon il y a surcharge en mémoire.

C'est sans doute par méconnaissance des éléments qu'elle rappelait que la formule cabalistique de Guyot-Daubès (vibujor, libébécénofné), inspirée sans doute des usages des anciens prêtres et alchimistes, a été réduite chez le profane au célèbre « Abracadabra » du magicien ou de la sorcière.

Le résumé

Si l'on essaie de satisfaire les deux dernières conditions, bons indices et remplissage minimum, on devrait aboutir au plan de récupération idéal : tout d'abord, prendre les indices les plus riches, les mots eux-mêmes, puis supprimer la surcharge. Ce plan parfait existe : c'est le résumé, dont l'évaluation offre des résultats intéressants.

Jean-François Vezin, Odile Berge et Panicos Mavrellis (1973) ont étudié le rôle du résumé et de la répétition en fonction de leur place par rapport au texte. Le texte concernait l'adaptation chez les animaux et a été présenté à des élèves de cours moyen 2 (CM2, environ 11 ans). Le texte est constitué de 8 affirmations générales et 16 exemples. Le résumé comprend toutes les affirmations générales sans les exemples, et il est présenté soit avant la lecture du texte entier, soit après. Les meilleurs résultats sont obtenus lorsque le résumé est après. Les résultats par rapport à la simple répétition du texte sont plus complexes. Si l'on s'intéresse au nombre de mots rappelés, la répétition du texte entier est meilleure que le résumé, mais si l'on s'intéresse au degré de généralité des énoncés rappelés, le résumé donne des résultats supérieurs. En définitive, texte et résumé ont vraisemblablement des fonctions différentes. Le résumé fonctionne probablement comme plan de récupération avec la fonction d'organiser les mots clés importants, en supposant ces mots clés acquis (ce qui explique que le résumé est meilleur après acquisition du texte), tandis que le texte a la fonction d'apprentissage des mots eux-mêmes, dès lors la répétition et les exemples sont nécessaires (*cf.* 4e partie, § 22.3.2 : l'apprentissage multi-épisodique).

L'histoire comme un plan de rappel

Dans une expérience aux résultats spectaculaires, Bower et Clark (1969) montrent que l'histoire clé peut être une technique très efficace. Douze listes de 10 mots concrets sont mémorisées une à une. Dans la condition expérimentale, les sujets sont invités à inventer une histoire qui relie les mots de la liste, tandis que les sujets du groupe contrôle apprennent dans le même temps mais sans instruction. Lors d'un rappel final, les sujets doivent rappeler toutes les listes. Cependant, les sujets du groupe « histoire » sont aidés au rappel par la présentation du premier mot de chaque liste comme indice de rappel. Dans ces conditions, le rappel est extraordinaire, puisqu'il est en moyenne de 93 %, ce qui fait (en enlevant le premier mot de chacune des 12 listes) 100 mots rappelés. Par comparaison, le rappel du groupe contrôle n'est que de 13 %, soit environ 15 mots. Si l'on analyse un exemple représentatif d'histoirc inventée par les sujets, on remarque que l'histoire est structurée en 3 phrases de 3 mots environ, par exemple (les mots de la liste sont en capitales) :

> Un VÉGÉTAL peut être un INSTRUMENT utile pour un COLLÈGE d'étudiants. Une carotte peut être un CLOU pour votre CLÔTURE ou BASSIN. Mais un MARCHAND de la REINE voudra mesurer cette clôture et donne la carotte à la CHÈVRE.

Cette structure est-elle le fruit du hasard ou une structure optimale en référence aux mécanismes de la mémoire ? Les recherches sur les indices catégoriels (2e partie) ont mis en évidence que la mémoire à court terme était non seulement impliquée au cours de la mémorisation mais également lors de la récupération. Or dans le cadre de la récupération, la capacité de la mémoire à court terme (environ 7) doit être divisée en deux : une partie pour le stockage des indices de récupération (ex. les noms de catégories) et une autre pour les mots à rappeler (les mots de chaque catégorie). Ainsi, la capacité de récupération n'est que la moitié de 7, soit en pratique 3 ou 4 : voilà pourquoi l'optimum pour la récupération est voisin de 4 indices (*cf.* fig. 3.2). Avec des catégories usuelles (animaux, plantes...), il est ainsi très efficace de mémoriser une liste de 24 mots découpée en 4 catégories de 6, plutôt qu'en 2 catégories de 12 mots ou à l'inverse en 12 catégories de 2 mots (Lieury et Clevede, cités par Lieury, 1997).

Ce mécanisme fonctionne-t-il avec des phrases ? Avec Marie-Françoise Le Coroller et Ouali Athmane, nous avons effectué deux expériences pour l'analyser. Pour un groupe, la condition « phrases », 5 listes successives de 20 mots étaient présentées avec un nombre croissant de phrases : 0 phrase (liste traditionnelle de 20 mots), 2 phrases de 10 mots, 4 phrases de 5 mots, 10 phrases de 2 mots et enfin 20 petites phrases de 1 mot. Dans un second groupe, la condition « histoire », nous avons organisé une liste en deux histoires de chacune 5 phrases de 2 mots et une dernière liste en une seule histoire de 4 phrases de 5 mots. Si les phrases fonctionnent comme des indices thématiques permettant de rappeler plusieurs mots, l'histoire fonctionnerait alors comme un plan de récupération en organisant les indices thématiques eux-mêmes.

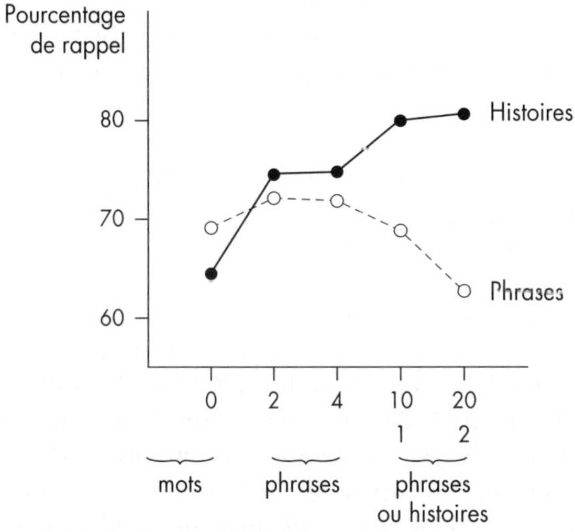

Figure 3.2

Effets du regroupement des mots en phrases et histoires (d'après Lieury, Athmane et Le Coroller, cit. Lieury, 1996)

Dans le premier groupe, condition « phrase », la courbe de rappel (fig. 15.2) a bien la forme générale en dôme d'une courbe à optimum avec un rappel plus faible pour la condition 0 phrase et surtout pour les conditions comportant 10 ou 20 phrases. La mémoire à court terme ayant une capacité limitée de récupération (environ 4 thèmes), il y a surcharge lorsqu'il y a 10 ou 20 phrases. Inversement, il y a surcharge en terme de mots lorsqu'il y a 0 phrase de 20 mots. En revanche, le bon rappel de la liste de 2 phrases de 10 mots indique que l'unité d'organisation n'est pas la phrase mais la proposition, une longue phrase étant probablement fragmentée en mémoire en propositions (principale, circonstancielle...).

Enfin, les phrases regroupées, dans la condition « histoire », en une ou deux histoires sont les mieux rappelées : alors que le rappel sous forme de 20 petites phrases est d'environ 60 %, le rappel des mots grâce à l'organisation en histoires est de 80 %. L'histoire clé, ou scénario, fonctionne donc comme un véritable plan de rappel en intégrant différents indices thématiques des phrases, qui rappellent eux-mêmes plusieurs mots. Le langage naturel apparaît donc, comme l'avait bien vu Georges Miller (1956) dans son célèbre article sur le « nombre magique 7 », comme une hiérarchie de niveaux d'organisation, les mots, les phrases, l'histoire (ou récit ou scénario), qui permet de rappeler un grand nombre d'éléments.

3 Les plans basés sur la sémantique et la logique

Les arborescences

Le plan de récupération est utile dès que le nombre d'indices surcharge la mémoire à court terme (au-dessus d'environ 4 indices). Dans la célèbre expérience de Gordon Bower et de ses collègues, sur l'apprentissage de listes hiérarchisées (*cf.* 4e partie), la surcharge est évitée par l'utilisation de supercatégories, et les résultats sont extraordinaires, dix fois la capacité usuelle de rappel, puisque les sujets rappellent 70 mots au premier essai. C'est une hiérarchie qui rejoint les arborescences de Pierre de la Ramée à la Renaissance.

Avec la hiérarchie catégorielle, nous avons vraiment une méthode prodigieuse :

- la méthode est basée sur la sémantique, c'est la mémoire la plus puissante ;
- la méthode hiérarchique correspond à la structure de la mémoire sémantique qui est organisée selon une hiérarchie catégorielle (en partie, l'autre structure étant faite de réseaux associatifs flous) ;
- il n'y a aucune surcharge par des mots de remplissage, des associations ou indices incongrus (= non en relation avec la sémantique de ce qui est à apprendre).

Cependant, pour que cette organisation soit optimale, il est nécessaire de respecter la capacité de récupération de la mémoire à court terme. Dans l'expérience de Bower, chaque niveau catégoriel ne contient pas plus de quatre unités : il y a 4 catégories générales, les plantes, les animaux, les minéraux et les instruments. Dans une catégorie générale, il n'y a que 2 supercatégories (ex. minéraux et pierres ; plantes comestibles et décoratives), dans chaque supercatégorie, 2 ou 3 catégories (ex : métaux communs, précieux et alliages ; légumes, fruits, plantes aromatiques) ; enfin, chaque catégorie de base ne contient que 3 ou 4 mots. Pour atteindre une efficacité maximale, une arborescence doit respecter ce principe afin d'éviter qu'à un niveau catégoriel donné, il y ait surcharge lors des va-et-vient entre la mémoire à court terme et la mémoire sémantique (à long terme). En effet, rappelons qu'en situation de récupération, la mémoire à court terme n'a plus que la moitié de sa capacité (*cf.* 2e partie, § 8.2). Par exemple, si la mémoire à court terme contient 4 indices, il n'y a plus que 3 « places » pour récupérer les informations de base, donc en pratique, la capacité de récupération est de 3 ou 4 (ce qui est respecté dans l'expérience ci-dessus).

Chaque fois que la méthode de hiérarchie catégorielle peut être employée, elle est donc la meilleure. C'est d'ailleurs cette méthode qui est sous-jacente à de nombreuses structures d'apprentissage, le plan d'un livre, la classification dans la documentation universelle, les classifications en sciences, notamment en zoologie, en botanique... Cette organisation sémantique-logique correspond à l'agencement harmonieux des idées de Quintilien et aux arborescences de Pierre de la Ramée.

Le tableau

Un autre plan, si efficace qu'il est d'usage courant, est le tableau à double entrée. C'est le classique tableau de présentation des résultats que nous avons rencontré tout au long de cet ouvrage.

Donald Broadbent et ses collègues (1978) ont testé l'efficacité pour la mémoire de la présentation sous forme d'un tableau, en le comparant à une présentation hiérarchique (arborescence). La liste comporte 16 noms d'animaux à mémoriser dans une condition de liste hiérarchique. Dans une autre condition, 16 noms équivalents (ex. d'animaux) sont présentés dans un tableau à double entrée (fig. 3.3).

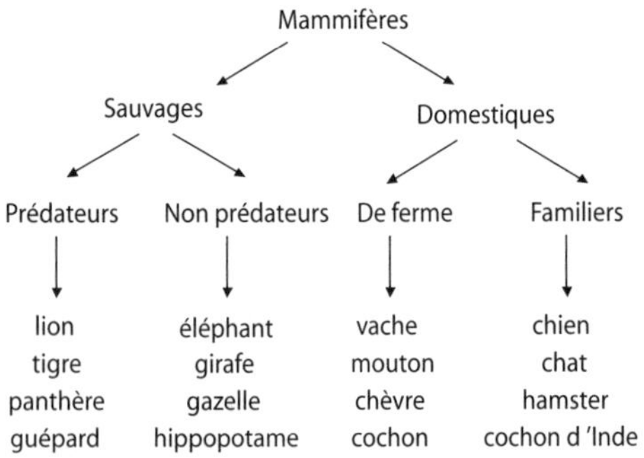

	MAMMIFÈRES	OISEAUX
DE FERME	vache mouton cochon chèvre chien	poulet dinde canard oie perruche
FAMILIERS	chat hamster cochon d'Inde	canari perroquet tourterelle

Figure 3.3
Comparaison de la présentation sous forme de hiérarchie et de tableau (d'après Broadbent, Cooper et Broadbent, 1978).

En comparant ces deux formes de présentation, on remarque que le tableau ne requiert que 4 indices (2 noms en colonnes × 2 noms dans les rangées du tableau), tandis que, pour un même nombre de mots, l'arborescence est moins économique, puisqu'elle nécessite 7 indices (les 4 noms de catégories, 2 supercatégories et la catégorie générale). En fait, l'arborescence ne correspond pas à la logique du tableau et l'on ne pourrait coder l'une dans l'autre. Dans le tableau, l'information est croisée, un mot est à la fois dans la dimension d'une rangée (familier) et dans la dimension d'une colonne (oiseaux), tandis que dans l'arborescence, les mots n'appartiennent qu'à une seule catégorie : le lion est un animal, sauvage, prédateur et ne peut être à la fois sauvage et domestique, ce sont des catégories exclusives.

Afin d'observer si l'arborescence présente éventuellement une charge plus grande pour les indices (les titres), les auteurs distinguent, dans le rappel, le rappel des indices de celui des mots. Mais, que ce soit pour les mots ou leurs indices (titres), les résultats (tab. 3.4) indiquent une grande efficacité de l'arborescence et du tableau par rapport au groupe contrôle, sans différence entre le tableau et la hiérarchie.

	Tableau	Hiérarchie	Contrôle
Rappel des titres	86 %	82 %	51 %
Rappel des mots	65 %	64 %	29 %

Tableau 3.4
Comparaison de l'efficacité de la hiérarchie et du tableau (d'après Broadbent, Cooper et Broadbent, 1978).

Il n'y a donc pas de surcharge pour les indices plus nombreux dans l'arborescence. Cela peut s'expliquer par les mécanismes de va-et-vient entre mémoire à court terme et mémoire à long terme. Les indices sont fractionnés en mémoire à court terme et ne sont pas stockés ensemble. La mémoire à court terme stocke « mammifère » qui permet de récupérer « sauvage », sauvage récupère « prédateur » et ainsi de suite ; puis lorsque ces catégories sont rappelées, les indices sont effacés en mémoire à court terme, et « mammifère » va récupérer « domestiques » et ainsi de suite : par conséquent, la totalité des indices n'est jamais en mémoire à court terme. Notons, en outre, que le pourcentage de rappel est plus important pour les indices que pour les mots de base, ce qui confirme indirectement que le rappel des mots est médiatisé par les indices et non l'inverse.

4 LE CODE CHIFFRE-LETTRE : MENSONGE OU RÉALITÉ ?

Richard Grey puis Grégoire de Feinaigle ont popularisé l'usage du code chiffre-lettre dans différentes applications, notamment les phrases clés, ou formules, et la célèbre table de rappel qui, selon les publicités, nous permet d'obtenir une mémoire prodigieuse.

1 La formule

L'abbé Moigno (1879), à qui certains attribuent (St Laurent, 1968) à tort l'invention du chiffre-lettre, a néanmoins utilisé le procédé de la formule dans une application pour le moins extraordinaire, puisqu'il avait appris 127 décimales du nombre pi. J'ai voulu tester l'efficacité de cette formule, non parce que le procédé est utile (il suffit d'avoir une calculatrice) mais comme test d'une technique astucieuse. Toutefois, pour ne pas martyriser les étudiants volontaires, la séquence ne comportait que 19 chiffres, c'est-à-dire seulement les deux premières phrases clés de la formule de Moigno (le code est celui d'Aimé Paris) :

Maints **t**e**rr**iers **d**e **l**a**p**in **n**e **g**è**l**ent **3 14 1 5 9 2 6 5**
Ma **l**oi **v**eut **b**ien ; **c**om**b**ats **m**ieux ; **n**e **m**é**f**aits **3 5 8 9 7 9 3 2 3 8**

La difficulté du code chiffre-lettre est de l'apprendre par cœur pour pouvoir coder les chiffres en mots, ou inversement (c'est le cas pour l'expérience) décoder les mots en chiffres. Le groupe « formule » était donc composé de sujets qui avaient appris le code chiffre-lettre en ayant pour consigne de s'entraîner pendant une semaine à appliquer le code sur des numéros de téléphone. À l'issue de cette semaine, j'ai contrôlé le niveau de leur acquisition en leur présentant 10 mots de deux syllabes toutes les 5 secondes ; leur tâche était de décoder chacun de ces mots dans le numéro correspondant. Seuls 10 étudiants sur 20 ont été retenus, parvenant à décoder correctement 8 mots sur les 10. Ces étudiants, constituant le groupe expérimental, ont disposé de 2 minutes (soit environ 6 secondes par chiffre) pour mémoriser les 19 chiffres de pi dans l'ordre, en s'aidant de la formule Moigno. Pour le groupe contrôle, la procédure était plus simple : les étudiants n'avaient pas entendu parler du code chiffre-lettre, ils devaient mémoriser les mêmes 19 chiffres dans l'ordre et disposaient du même temps que le groupe expérimental. Pour le rappel, les sujets devaient rappeler les chiffres dans un tableau de deux rangées de dix cases de façon à rappeler les chiffres dans la bonne position.

	Délai de rappel			
	immédiat	1 heure	2 semaines	6 semaines
Formule	97 %	86 %	64 %	78 %
Contrôle	86 %	80 %	50 %	42 %

Tableau 4.1
Efficacité de la formule de Moigno pour le rappel de 19 chiffres du nombre pi (Lieury, 1996).

Les résultats (tab. 4.1) montrent que la formule est réellement efficace, mais cette efficacité apparaît surtout pour un délai de plusieurs semaines : après 6 semaines, le rappel, grâce à la formule, est presque le double de l'autre groupe. En fonction de ces résultats positifs, on constate que l'utilisation du code chiffre-lettre peut rendre quelques services en tant qu'aide-mémoire dans les circonstances (heureusement rares) où il faut savoir par cœur certains numéros, numéros de téléphone, carte bancaire, etc. Cela dit, il faut noter que, contrairement à la plupart des publicités, le procédé n'assure tout de même pas un rappel parfait de 100 %. D'autant que nos sujets ne peuvent pas être suspectés d'avoir une mauvaise mémoire, puisque sans l'aide de la formule, ils rappellent 86 % des bons numéros dans la bonne position.

Les plans de rappel maximisent donc le fonctionnement de la mémoire, mais ils n'en subissent pas moins les lois de l'oubli. Enfin, il faut noter une remarque importante : un entraînement important est nécessaire pour apprendre le code. Sur 20 sujets volontaires, seuls 10 s'étaient suffisamment entraînés (et encore n'avaient-ils pas obtenu un score de 100 %). Sur la base de ce petit échantillon, il est probable que beaucoup de gens achètent des méthodes qui restent dans un tiroir. Ce type de méthode repose, en effet, sur un certain paradoxe, car les personnes qui veulent améliorer leur mémoire doivent s'entraîner sur la méthode qui représente en elle-même un apprentissage assez coûteux en temps. On verra que ce paradoxe ne se résout pas dans le sens que l'on croit : ce ne sont pas ceux qui ont le moins de mémoire qui profitent des méthodes, mais ceux, au contraire, qui ont des facilités d'apprentissage.

M'étant entraîné moi-même, j'ai voulu comparer l'efficacité du code chiffre-lettre avec une autre méthode, celle de la phrase clé bien connue qui sert usuellement à rappeler le nombre pi : « Que j'aime à faire connaître ce nombre utile aux sages » (rappelons qu'on compte le nombre de lettres par mots, que = 3, j'= 1, aime = 4...). Deux inconvénients sont immédiatement apparents dans cette dernière méthode. Tout d'abord, il faut se rappeler si les mots sont au singulier ou au pluriel, car cela retranche ou ajoute une unité : « au sage » donne 2 et 4, tandis que le pluriel « aux sages » donne 3 et 5. Ensuite, le procédé est assez long, puisqu'il faut compter les lettres sur les doigts lorsque les mots sont longs. Ainsi, après m'être entraîné à apprendre les trois premières phrases de la formule de Moigno, le temps de décodage en chiffre était de 48 secondes pour les 29 chiffres, soit une moyenne de 1,65 seconde par chiffre. Avec la méthode du nombre de lettres, ma vitesse de décodage a été de 55 secondes pour 11 chiffres, soit une moyenne de 5 secondes par chiffre, ce qui est nettement plus long. En outre, la formule de Moigno permet de rappeler 9 (1re phrase) à 10 chiffres par phrase, ici 29, tandis que la phrase clé usuelle code 11 chiffres. Donc le code chiffre-lettre est plus efficace, mais à l'inverse, la méthode de la phrase clé ne requiert pas l'acquisition préalable d'un code, ce qui explique sa popularité.

2 Les tables de rappel sont-elles efficaces ?

Rappeler des mots dans l'ordre n'est pas chose facile, car lors de la mémorisation, l'ordre est « cassé » à cause de deux mécanismes principaux : le premier est la coupure entre les deux mémoires, à court terme et à long terme, qui produit un meilleur enregistrement du début et de la fin d'une séquence (effets sériels) ; le second est le processus d'organisation qui tend à grouper les mots en catégories sémantiques ou en associations au détriment de l'ordre des mots. Dans ces conditions, l'invention d'une méthode qui permet théoriquement de mémoriser jusqu'à 100 mots avec leur position numérale est étonnante. Cette méthode existe pourtant, c'est la table de rappel inventée par Grégoire de Feinaigle (1re partie).

Le principe de cette table est d'utiliser le code chiffre-lettre afin de constituer des mots clés qui codent les numéros de 1 à 100 (les Américains disent *pegs* ou *hooks*, crochets, ou *keywords*, mots clés). Ces mots clés fonctionnent alors comme des indices de rappel numéraux qui permettent non seulement d'associer les mots à des indices, ce qui est déjà efficace, mais également de décoder leur position numérale. Au XIXe siècle, on parlait de points de rappel. En voici quelques exemples, toujours à partir du code chiffre-lettre d'Aimé Paris, sachant que la lettre « d » (ou t) code le chiffre 1, et « m » le chiffre 3 :

1 = dé ou thé…
3 = main, mât, mas…
11 = date, tutu, dada…
13 = dame, damier, tamis…
31 = mite, motte, moite…

Si Feinaigle est l'inventeur de la table de rappel basée sur le code chiffre-lettre, nous avons vu au cours de l'historique que des tables plus simples, basées sur l'image, existaient deux siècles plus tôt : le principe était alors de coder les numéros par des images de forme similaire, par exemple, 1-cierge, 2-cygne, etc. Mais cette table a évidemment une limite, car il est difficile de trouver des images pour beaucoup de numéros, et les images ne s'associent pas si facilement que les lettres. Il existe d'autres tables de rappel avec des associations phonétiques, un-pain, deux-nœud, trois-noix, mais il est également difficile de trouver des indices pour les numéros complexes. Une fois découvert ce principe de coder les numéros dans des mots clés, on peut trouver d'autres astuces, d'où les soi-disant inventeurs en la matière : nous verrons l'exemple farfelu d'un Américain qui emploie les parties d'une voiture pour coder les numéros : un-volant, deux-phares, trois-pare-chocs, etc.

Depuis 1965, plusieurs chercheurs américains se sont intéressés à l'évaluation de l'efficacité de quelques tables de rappel, proposées par des mnémonistes américains. Dans leur principe, ces tables dérivent de celles inventées par Feinaigle (vers 1800). Richard Smith, de l'université d'État du Montana, et Clyde E. Noble, de l'université de Géorgie, semblent être les premiers à avoir étudié expérimentalement une table de rappel. La table utilisée est celle du mnémoniste américain Furst (1957), vraisemblablement inspirée d'une table de type Feinaigle-Paris, puisque les initiales des indices numéraux sont les consonnes du code d'Aimé Paris (*tea Noah May ray law jaw key fee bay toes*), dont voici une adaptation française :

1	2	3	4	5	6	7	8	9	10
thé	Noé	Mai	Raie	Loi	Jeu	Quai	Fée	Baie	Tasse

Le groupe expérimental doit apprendre, en 20 essais, une liste de mots dans l'ordre en s'aidant de la table, tandis que les sujets du groupe contrôle doivent l'apprendre en associant chaque mot de la liste au précédent. Le rappel 24 heures plus tard est meilleur pour le groupe « table ».

Un autre type de table est basé sur les associations phonétiques entre certains mots et les numéros de 1 à 10. D'après Middleton (1888), ce procédé aurait été introduit par John Sambrook et serait devenu très populaire aux États-Unis, puisqu'il a été réutilisé par la célèbre méthode Carnegie pour apprendre à parler en public. Basé sur des similitudes phonétiques, ce procédé n'est pas traduisible, en voici néanmoins une adaptation pour le lecteur intéressé :

un-pain
deux-nœud
trois-noix
quatre-pattes
cinq-pintes
six-vis
sept-bêtes
huit-huîtres
neuf-œufs
dix-drisses

Bugelski, Kidd et Segmen (1968), de l'université de New York à Buffalo, ont réalisé une expérience soigneuse sur ce procédé. Leur table comporte 10 indices numéraux. Les sujets du groupe « table » les apprennent par cœur, puis on leur donne une liste de dix mots nouveaux avec la consigne de les associer aux indices : par exemple, si le premier mot est « stylo », on peut imaginer un sandwich où le stylo est dans le pain, etc. Les sujets du groupe contrôle n'ont aucune aide. L'expérience est très intéressante, car chaque groupe est subdivisé en trois sous-groupes de façon à tester trois vitesses de présentation. Ce facteur est, en effet, très important, car les processus d'organisation sont très efficaces, mais ils requièrent du temps : il faut du temps pour créer une image ou une phrase permettant d'intégrer deux mots :

	Temps de présentation (par mot)		
	2 s	4 s	8 s
Table	44 %	79 %	97 %
Contrôle	43 %	62 %	73 %

Tableau 4.2
Rôle du temps de présentation dans l'efficacité d'une table de rappel basée sur les rimes (d'après Bugelski et al.*, 1968).*

Le rappel est également intéressant, car c'est un sondage numéral, propre à évaluer la spécificité de la table de rappel : l'expérimentateur énonce au hasard un chiffre de 1 à 10, et le sujet doit donner le mot qui correspond à ce numéro (un mot dans la mauvaise position n'est compté que par 1/2 point). Les résultats (tab. 4.2) indiquent clairement que la table, basée sur les rimes, est efficace mais à condition qu'il y ait un temps suffisant, ici d'au moins 4 secondes par mot. La table est donc un procédé efficace, non par magie, mais parce qu'elle est basée sur des mécanismes naturels de la mémoire (organisation et indices de récupération) qui exigent du temps.

Dennis Foth, de l'université de la Colombie-Britannique à Vancouver au Canada, a eu l'idée de comparer l'efficacité de plusieurs tables de rappel, celle basée sur le code chiffre-lettre (1-thé, 2-Noé…), la méthode des rimes (un-pain) et la méthode farfelue du mnémoniste américain Hayes qui prend comme indices numéraux les parties d'une voiture : 1-volant, 2-phares, 3-pare-chocs, 4-roues, 5-portes, 6-vitres, 7-klaxon, 8-frein, 9-pare-brise et 10-miroirs. Ce système est hautement fantaisiste, car il n'y a aucun rapport entre certains numéros et la partie correspondante (8 freins ?). L'auteur compare, par ailleurs, deux types de médiation pour la méthode des rimes, l'image ou la phrase clé. Les résultats mettent en évidence que toutes les méthodes sont également efficaces par rapport à un groupe contrôle, excepté la méthode farfelue de la voiture. Enfin, Foth teste également les méthodes pour des listes de mots abstraits, mais cette fois-ci sans succès, le groupe contrôle faisant aussi bien. Presque vingt siècles auparavant, Quintilien avait déjà remarqué que la méthode des lieux n'était d'aucune aide pour les mots abstraits, et c'est évidemment une critique générale contre ces méthodes, sachant que de nombreuses connaissances ont un caractère abstrait.

Dans les exemples précédents, les tables n'excédaient pas dix éléments si bien que Persensky et Senter (1969) ont augmenté la difficulté en testant l'efficacité d'une table de rappel sur la mémorisation de listes de 20 mots. Les mots sont rappelés dans 20 cases sur un carnet de réponses, et seuls les mots dans leur bonne position sont considérés comme corrects. Les sujets sont des aviateurs de l'armée. Une fois encore, l'emploi de la table de rappel facilite le rappel dans l'ordre, le rappel étant de 93 %, tandis qu'il n'est que de 34 % dans le groupe contrôle. Persensky et Senter avaient également inclus une condition intéressante dans laquelle les sujets avaient sous les yeux la liste des indices numéraux pendant toute la durée de l'expérience. Or, les résultats montrent que les sujets de cette dernière condition n'ont pas un rappel supérieur à celui des sujets qui avaient appris par cœur les indices de la table. Ainsi, une liste d'indices parfaitement apprise ne surcharge-t-elle pas la mémoire et est-elle aussi efficace que si elle visible. Symétriquement, si une table de rappel paraît trop difficile à apprendre, on peut faire l'expérience en laissant sous les yeux la table en question (§ 15.1.1).

3 Les tables de rappel et l'oubli

Les expériences de laboratoire ont démontré que la mémorisation de listes successives conduit à un oubli, par interférences entre les mots des listes (Lieury, 2005). Il a été notamment établi qu'une grande source d'interférence est d'associer différentes informations (syllabes, mots...) aux mêmes indices : si, par exemple, on fait apprendre une première liste de couples comme XUC-abeille puis de nouveaux mots associés aux mêmes indices, XUC-péniche, une interférence importante se produit. Or, l'apprentissage de différentes listes avec la même table est précisément le cas particulier où les interférences risquent d'être très fortes, puisque ce sont toujours les mêmes indices de la même table qui sont employés.

C'est à nouveau Bugelski (1968), expérimentateur méthodique, qui a vérifié ce risque en utilisant à nouveau la table de rappel basée sur les rimes (1-pain, 2-nœud...). Cette fois, 6 listes différentes sont successivement mémorisées à la fois dans le groupe « table » et dans le groupe contrôle.

Les résultats (fig. 4.1) indiquent que la table de rappel est toujours supérieure (le rappel est un sondage numéral) par rapport au groupe contrôle. Mais on constate que, contrairement aux promesses des mnémonistes, la méthode n'est pas infaillible et ne permet pas de compenser l'oubli provoqué par les interférences. Le rappel d'une seule liste dans le groupe « table » étant de 90 %, il n'est plus que de 55 % pour la première liste apprise avec la table. Si l'on se souvient que la liste ne comporte que 10 mots, cela ne fait qu'un petit rappel de 5 mots dans l'ordre. Certes, le rappel dans le groupe contrôle est encore plus pauvre, environ 10 %, ce qui confirme une nouvelle fois les résultats classiques sur les interférences. Les tables de rappel (lorsqu'elles « marchent ») ont été inventées par des mnémonistes astucieux, ayant probablement une très bonne mémoire et entraînés comme des professionnels.

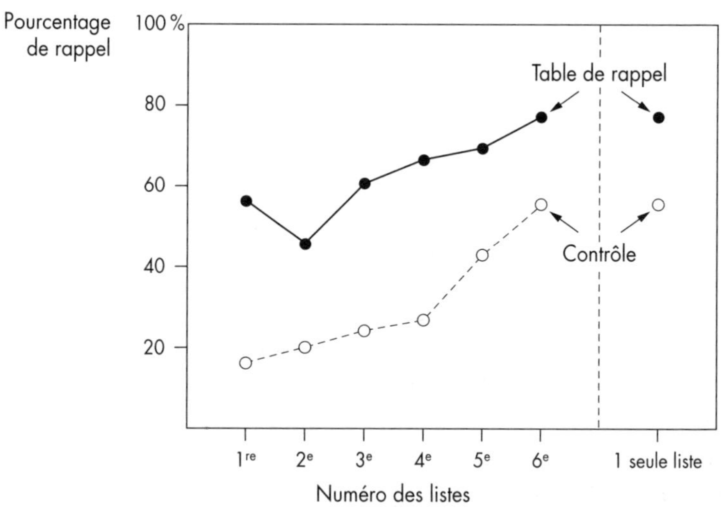

Figure 4.1
Efficacité de la table de rappel
en fonction du nombre de listes successives
(d'après Bugelski, 1968).

Un exemple à ne pas suivre : la table de Moigno

À l'âge d'or de la mnémotechnie, les mnémonistes du XIXe siècle ne se contentaient pas de tables de dix ou vingt indices numéraux mais de 100 indices numéraux. Afin de construire de telles tables, l'image ou la rime ne suffisent plus, et il faut partir du code chiffre-lettre. En suivant la méthode de Feinaigle ou de Paris, on peut choisir des mots contenant une ou deux consonnes prononçables qui codent les chiffres. Voici, par exemple, quelques indices de la table de Feinaigle :

0 as	10 tison
1 tué	11 tête
2 âne	…
3 ami	34 miroir
4 or	99 pape
…	

Afin de réduire, selon lui, la difficulté d'une liste de 100 indices numéraux, le fertile abbé Moigno (1879) trouva judicieux d'inventer une table en faisant les combinaisons de dix noms et dix adjectifs :

0		céleste
1	demeure	tendre
2	nation	noire
3	mission	mauvaise
4	arme	ridicule
5	lumière	lente
6	chose	changeante
7	école	gaie
8	fleur	forte
9	époque	belle

Chaque indice (ou mot clé) code un chiffre uniquement par son initiale mais en combinant les noms et les adjectifs ; on retrouve les numéros de 1 à 100. Par exemple, pour coder le numéro 10, il faut combiner « demeure » qui code 1 et « céleste » qui code 0. Remarquons que, dans ce système, seule la première consonne est utile, contrairement au système « sténo » de Paris. Si l'on continue ainsi, on obtient par exemple

« nation lente » pour le numéro 25, « école ridicule » pour le numéro 74, etc. Le procédé est complexe, puisqu'il aboutit à coder un numéro par deux mots, c'est pourquoi Moigno préconise de dériver un troisième mot clé de ce couple indiciel : par exemple, « demeure céleste » devient « paradis », « demeure noire » « tombeau », « nation mauvaise » « anthropophages », « arme gaie » « épigramme ».

Le système m'a paru tellement complexe que, dans l'expérience que nous avons réalisée avec Joelle Haziza et Dominique Prieuret, le test n'a porté que sur les combinaisons « nom-adjectif » pour les positions de 1 à 40. De plus, désespérant d'obtenir des volontaires pour un apprentissage par cœur de cette table complexe, nous avons fourni la table sur une feuille de papier tout au long de l'expérience. Néanmoins, les sujets du groupe « table » étaient préalablement familiarisés avec le code chiffre-lettre et le principe de construction des 40 indices numéraux de la table Moigno. Dans le groupe contrôle, la mémorisation de la liste de 40 mots, en fonction de leur position numérale, s'opérait sans aide. Enfin, les mots de la table Moigno étant des indices faibles (en terme d'imagerie et de fréquence), aussi avons-nous contrôlé cet aspect grâce à un troisième groupe à qui l'on fournissait des indices sémantiques. Le temps de présentation était de 3 minutes (soit 4,5 secondes par mot), temps suffisant pour permettre des processus d'organisation. Enfin, nous avons vérifié que les groupes étaient équivalents au départ, du point de vue des capacités de mémoire des sujets, en faisant une épreuve préliminaire de mémorisation d'une liste de vingt mots. Afin de pouvoir analyser les causes de l'efficacité ou de l'inefficacité des indices de la table Moigno, nous avons organisé trois modes de rappel (sauf pour le groupe contrôle qui n'a pas de rappel indicé) :

- un rappel numéral par sondage au hasard : l'expérimentateur dicte au hasard les 40 numéros, et le sujet doit associer le bon mot de la liste ;
- un rappel libre, classique, où les sujets rappellent le maximum de mots sans se soucier de l'ordre ;
- un rappel indicé où les sujets doivent associer les mots de la liste en face des indices spécifiques (indices « table » pour le groupe table et indices « sémantique » pour ce groupe) sans se soucier de l'ordre.

	Mode de rappel		
	numéral	libre	indicé
Table de Moigno	11 %	22 %	15 %
Ind. sémantiques	7 %	29 %	51 %
Contrôle	15 %	29 %	–

Tableau 4.3
Inefficacité de la table de Moigno
(d'après Lieury, Haziza et Prieuret, 1980).

Les résultats indiquent clairement que la table Moigno est totalement inefficace par rapport au groupe contrôle, à la fois dans le rappel numéral où la table est censée apporter le plus d'aide spécifique, et en rappel libre (tab. 4.3). Le rappel numéral est très faible pour le groupe « indices sémantiques », ce qui est prévisible puisque ces indices ne codent pas les positions numériques, et le rappel libre est équivalent à la condition contrôle, ce qui est normal, puisque les indices n'étaient pas donnés. En revanche, la condition intéressante pour ce groupe est le rappel indicé sémantique qui donne un très bon rappel (51 %) par rapport au rappel indicé du groupe « table Moigno » de 15 %. Ce contraste confirme bien que les indices de la table Moigno sont de très mauvais indices. À l'évidence, les sujets ne parviennent pas à intégrer les mots cibles (à apprendre) à ces indices qui sont complexes (formés de deux mots), abstraits pour la plupart : arme céleste, nation changeante… Avant d'être un bon indice numéral, il faut « être » un bon indice.

Curieusement, c'est cette table, la moins efficace de celles que nous avons décrites (la table rimée « un-pain… » est efficace), qui est défendue par une méthode faisant l'objet d'une certaine publicité (méthode Aubanel, St Laurent, 1968). Une autre table de Moigno, construite autour du son « on » (limon, renom, coupon), est également citée par St Laurent et Chauchard (1968). L'apogée du ridicule est atteint par St Laurent qui défend sans esprit critique la mégalomanie de Moigno, en conseillant de combiner la table de rappel avec 100 autres notions pour en faire une gigantesque table de 10 000 notions (100 × 100 = 10 000) : « Reliez à la table "demeure-nation", les seules notions que vous désirez retenir pour toujours. Vous pouvez étendre cette table dans le sens horizontal, de manière à classer 10 000 notions ; c'est plus qu'il ne vous en faut » (St Laurent, 1968, p. 181).

4 La table de type Feinaigle-Paris

Si la table de Moigno est inefficace, c'est en grande partie parce que les indices sont complexes et abstraits. Or avant le « déraillement » de Moigno, Feinaigle et Paris avaient proposé des tables « raisonnables » composées de mots concrets et simples. Il serait donc intéressant de les tester. Toutefois, la table de Feinaigle comportant encore quelques mots abstraits, je l'ai aménagée pour que les indices soient mieux mémorisables. Par exemple, il est préférable que chaque mot débute par une consonne de façon à faciliter le décodage, par exemple « main » code mieux le chiffre 3 qu'« ami », « roue » paraît plus facilement coder le chiffre « 4 » que le mot « or », le début de mot étant un meilleur indice que la fin. Le plus souvent, les indices sont meilleurs s'ils sont concrets et faciles à imager (tab. 4.4) :

1 dé 2 nid 3 main 4 roue 5 lion 6 chat 7 gant 8 feu 9 pain 10 tasse	11 date 12 dune 13 dame 14 tare 15 dalle … 20 nasse	21 natte 22 none 23 Nouméa … 30 masse	…	91 patte 92 panne 93 pomme … 99 pape 100 sang

Tableau 4.4
Extrait d'une table de rappel selon les principes de Feinaigle et Paris (Lieury, 1980a).

Si l'on se rappelle que sur vingt étudiants volontaires, dix seulement s'étaient réellement entraînés sur le simple code chiffre-lettre, j'ai renoncé à chercher des volontaires pour apprendre cette table de 100 indices (sachant qu'il faut déjà être entraîné sur le code chiffre-lettre). Aussi, m'inspirant de l'exemple d'Ebbinghaus qui effectuait ses expériences sur lui-même (et d'autres, Smith, etc., *cf.* Lieury, 2005), j'ai mesuré l'apprentissage de la table en me prenant comme sujet. Le temps du premier essai a été de 45 minutes et j'ai fait 44 erreurs (soit 44 %). À raison d'un essai par jour, j'ai continué l'apprentissage pendant 8 jours. Mon meilleur score fut atteint le 7e jour avec 2 erreurs et un temps de 13 minutes pour décoder tous les chiffres de 1 à 100, soit environ 8 secondes par mot. Mais reprenant après trois mois la même table, j'ai commis 18 oublis ou erreurs et le temps de décodage moyen était de 9 secondes. La première conclusion que l'on peut tirer de cette expérience personnelle est que même si la table est efficace, elle ne peut convenir qu'à un mnémoniste professionnel qui s'entraînerait régulièrement.

Enfin, j'ai testé l'efficacité de la table mais seulement sur des petites listes. Plusieurs années auparavant, j'avais construit 12 listes de 15 mots communs pour des expériences, et dans chaque liste, les mots étaient numérotés de 1 à 15. J'ai donc mémorisé 6 listes en me servant de la table de rappel (de « dé à dalle » tab. 16.4) et les 6 autres listes sans l'utiliser (condition contrôle). Voici quelques exemples d'associations : « 2-crèche » donne « nid-crèche » (une crèche en forme de nid…) ; pour « 13-écluse », j'imaginais une dame (= 13) près d'une écluse comme dans un roman de Simenon…

J'ai fait un rappel immédiat, donc après la mémorisation de chaque liste, puis un rappel final, après la mémorisation de 12 listes. Enfin, j'ai essayé de rappeler le maximum de mots dans leur position 8 heures plus tard. Le rappel était numéral, c'est-à-dire que j'essayais de rappeler le mot correct au bon numéro, le 1er, le 13e, etc.

	Délai de rappel		
	immédiat	final	8 heures
Table	97 %	89 %	71 %
Contrôle	61 %	30 %	20 %

Tableau 16.5
Rappel numéral d'une table de type Fenaigle-Paris (Lieury, 1980b).

Cette fois, avec une table d'indices simples et concrets, comme l'avaient initialement proposé Grégoire de Feinaigle et Aimé Paris, le rappel numéral est effectivement très efficace, puisque le rappel numéral (rappel des mots avec leur bon numéro, écluse en 13e position) avec la table est presque parfait dans le bon ordre (97 %) contre 61 % lorsque l'apprentissage s'effectue sans cette aide (tab. 16.5). Sachant qu'il y a six listes de 15 mots par condition, cela fait près de 90 mots rappelés dans le bon ordre. La supériorité de la méthode se voit encore mieux après un délai, puisque, après 8 heures, 71 % des mots, soit encore environ 60 mots, sont correctement rappelés contre seulement 20 % (18 mots) dans la condition contrôle. L'utilisation de mots concrets (imageables) comme indices est donc très efficace, quand on favorise les possibilités d'organisation avec les indices numéraux.

Au total, le procédé de la table est dans l'ensemble très efficace dans son principe d'indices numéraux, mais à condition de respecter les règles d'efficacité des indices. Ainsi la table de Hayes avec les parties de voiture ou surtout celle de Moigno sont inefficaces, car les mots clés sont abstraits et sans rapport avec les nombres. Lorsque les indices ont une correspondance simple avec les nombres, similitude phonétique (un-pain…) et que les indices sont des mots clés simples et concrets (facilement imageables), la table est très efficace. Cependant, efficacité ne signifie par mémoire prodigieuse ou sans faille. Le procédé n'évite pas l'oubli et, de plus, il est coûteux. En effet, ces tables n'ont été évaluées que sur des listes de 10, 15 ou 20 mots, faute de pouvoir surentraîner des volontaires, et il est douteux que des sujets ayant une mémoire moyenne ou même supérieure (les sujets des expériences sont le plus souvent des étudiants d'université) parviennent à s'entraîner suffisamment pour connaître une table de 100 indices et s'en servir.

En conclusion, si la table de rappel apparaît très astucieuse et intéressante du point de vue des mécanismes de récupération de la mémoire, elle est quasiment inutile dans le cadre des connaissances modernes et demeure dès lors comme une curiosité historique.

5 LES PROCÉDÉS MNÉMOTECHNIQUES MARCHENT-ILS VRAIMENT ?

Une bonne mémoire : méthode ou aptitude ?

Depuis l'Antiquité, nombreuses sont les méthodes qui nous promettent une mémoire prodigieuse. Certaines publicités reprennent l'argumentation de l'abbé Moigno qui avait appris la mnémotechnie lors d'une rencontre fortuite avec l'un des frères Castilho. L'argumentaire est le suivant. Avant de rencontrer monsieur X, je n'avais pas de mémoire, mais celui-ci m'a montré comment grâce à sa méthode il pouvait mémoriser une liste de 100 noms dans l'ordre avec les dates. J'ai essayé la méthode de monsieur X et je suis parvenu aux mêmes prouesses. L'argumentation commerciale date elle-même de l'Antiquité, et Quintilien disait déjà que Métrodore et Charmadas (*cf.* 1re partie) devraient rendre grâce à la nature plutôt qu'à leur méthode, pour avoir une bonne mémoire. Ce procédé d'amalgame est d'ailleurs analogue à beaucoup de publicités sur la beauté, utilisant stars et mannequins pour vanter tel produit de beauté, comme si la qualité de leur peau ou de leurs cheveux n'était pas antérieure ! Si la méthode joue un rôle, les capacités individuelles ne sont évidemment pas négligeables. Si Einstein avait publié une méthode de mathématiques, il aurait fait un best-seller !

Dans la grande majorité des expériences, les sujets sont des étudiants de niveau universitaire, c'est-à-dire, en moyenne les individus les plus jeunes et les plus doués dans la population. Douglas Griffith et Tomme Actkinson (1978), de l'Army Research Institute à Fort Hood au Texas, se sont ainsi demandés si une technique de la mémoire serait toujours efficace sur des sujets de différents niveaux d'aptitude générale (tests). La méthode utilisée est la table de rappel basée sur les rimes (1-pain, 2-nœud…). Trois groupes de personnels de l'armée sont sélectionnés d'après leur résultat au test : un groupe de faible aptitude générale (inférieure ou égale à 90), un groupe d'aptitude moyenne (entre 91 et 109) et un groupe d'aptitude générale supérieure (supérieure à 110). Chaque groupe d'aptitude est subdivisé en un groupe contrôle et un groupe « table » dont les sujets sont entraînés à se servir de la table de rappel.

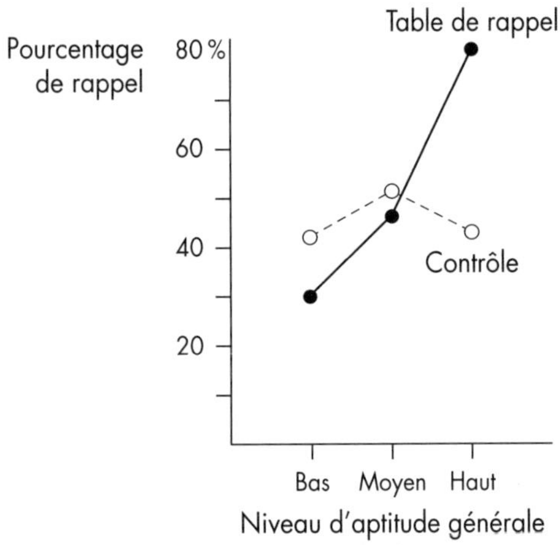

Figure 5.1
Efficacité de la table de rappel (rimes) en fonction du niveau d'aptitude générale (d'après Griffith et Actkinson, 1978).

Les résultats sont fondamentaux, puisqu'ils indiquent (fig. 5.1) que la méthode (table de rappel) n'est efficace que pour les sujets de haut niveau d'aptitude. On remarque, par ailleurs, que les sujets « contrôle » ont les mêmes scores (aux environs de 40 %) de rappel, quel que soit leur niveau d'aptitude générale. Leur mémoire des mots dans l'ordre n'est donc pas en cause, c'est la capacité d'utiliser des stratégies, des codes qui limite les sujets de niveau d'aptitude moyen ou faible.

Mémoire artificielle et mémoire naturelle

Depuis l'auteur inconnu de la *Rhétorique à Hérennius*, les aide-mémoire ou procédés mnémotechniques sont souvent regroupés sous le terme de mémoire artificielle par rapport à d'autres méthodes telles la répétition ou l'organisation catégorielle (l'agencement harmonieux des idées de Quintilien). Néanmoins, comme les procédés mnémotechniques sont eux-mêmes basés sur de réels mécanismes de la mémoire, on peut se demander en quoi réside exactement cette dichotomie que l'on sent intuitivement justifiée.

Pour qu'une méthode soit efficace, il faut en général :

- un bon codage : temps de codage ou d'organisation suffisant : de 4 à 10 secondes par élément ;
- un codage symbolique (et non sensoriel) ; imagé et verbal et de préférence sémantique ;
- de bons indices : les indices sémantiques, catégoriels et associatifs, la syllabe pour un mot… ;
- un bon plan : notamment qui relie sémantiquement les indices avec le minimum de surcharge (résumé pour le lexical, schéma pour l'imagé et arborescence pour le sémantique) ;
- un bon stockage de connaissances : les meilleurs mécanismes de récupération ne peuvent opérer que s'il existe des connaissances à récupérer (ex. la phrase clé « Cambronne s'il eut été dévot… » n'est efficace que pour ceux qui connaissent les périodes géologiques).

Au niveau des plans de rappel, deux critères semblent essentiels pour opposer les méthodes « artificielles » et les méthodes « naturelles », la surcharge et les relations sémantiques entre les éléments (entre indices ou entre indices et cibles). Prenons l'exemple de la phrase clé et du résumé, qui tous deux sont des plans de rappel basés sur le langage. Le résumé contient tous les mots importants du texte de départ, mais il contient moins de mots au total, ce qui facilite sa mémorisation. Au contraire, la phrase clé contient des mots supplémentaires à apprendre, et ces derniers n'entretiennent aucune relation sémantique ou logique avec les éléments à rappeler, ce qui donne l'impression justifiée d'artifice. Par exemple, Napoléon n'a rien à voir avec la chimie pas plus que Cambronne avec la géologie. La même surcharge existe pour la méthode des lieux, puisqu'il y a introduction de mots ou d'images qui n'ont pas de relations avec les éléments à rappeler, au contraire des schémas qui ne représentent, en principe, que l'essentiel de l'information à rappeler. Enfin, dans la table de rappel sont ajoutés des indices qui n'ont aucune relation sémantique, alors que, dans l'arborescence ou le tableau à double entrée, seule l'information conceptuelle est conservée. Au total, les méthodes « naturelles » semblent correspondre à l'abstraction des relations sémantiques essentielles, tandis que les méthodes « artificielles » sont plus basées sur des associations phonétiques, qui ajoutent des relations sémantiques incongrues. Limitées par les conceptions anciennes, en particulier l'ignorance de la mémoire sémantique, les méthodes artificielles avaient pour objectif la mémoire lexicale (les aspects de surface du mot, notamment sa phonologie) et l'apprentissage de l'ordre.

Cependant, il faut restituer le contexte historique de la mémoire artificielle. Les méthodes basées sur l'image étaient plus populaires dans l'Antiquité et pendant la Renaissance, parce que la plupart des gens ne savaient ni lire ni écrire ; ils ne pouvaient donc accomplir des tâches qui nous paraissent élémentaires : rédiger une liste de courses, noter des rendez-vous… Les méthodes basées sur le code chiffre-lettre apparaissent d'ailleurs au XVIIe siècle, au moment où le commerce et la science rendent populaires les nombres. À notre époque de culture vidéo, les mémoires virtuelles, le caméscope, l'ordinateur ou le téléphone portable mémorisent plus fidèlement que la méthode des lieux.

Quatrième partie

QUOI DE NEUF SUR LES MÉTHODES ?

Au cours des millénaires passés, penseurs et mages ont eu de remarquables intuitions sur la mémoire et les méthodes pour l'améliorer, Simonide et les images, Quintilien et l'exercice et la logique, etc., jusqu'à la découverte du code chiffre-lettre et des procédés mnémotechniques. Même si quelques-uns d'entre eux ont frôlé l'idée d'une mémoire multiple, saint Augustin ou Giordano Bruno avec son catalogue de sceaux, c'est une découverte majeure de la recherche moderne que d'avoir montré avec précision cette multiplicité des mécanismes de la mémoire et des mémoires elles-mêmes.

La mémoire étant complexe, il ne peut y avoir de méthode unique qui aboutirait à des résultats miracles. Naturellement, ces « mémoires » sont en interaction, mais leurs mécanismes de fonctionnement différents les individualisent. Pour des mémoires multiples, il faut de multiples méthodes.

Mieux qu'un long discours, le tableau suivant (tab. 1) résume les grands aspects de la mémoire, les principaux mécanismes correspondants et enfin les méthodes qui semblent les plus appropriées.

Type de mémoire	Mécanismes	Méthodes
Mémoire biologique	– écologie du cerveau – connexions synaptiques – stockage et oubli	– éviter fatigue, drogues, stress – apprentissage par répétition – apprentissage distribué – répétition et révision

☞

Mémoire à court terme	– capacité limitée – oubli à court terme	– grouper et catégoriser – baisser la surcharge : simplifier, apprentissage progressif – répéter pour soi-même – écrire sur un mémo
Mémoire lexicale Noms	– phonologie – intégration lexicale	– décomposer le mot et répéter – associations phonétiques – multiplier les entrées/sorties : lire et entendre, parler et écrire
Mémoire sémantique	– codage sémantique – hiérarchie catégorielle – abstraction sémantique – inférence (déduction du sens par le contexte)	– comprendre pour apprendre (phrases, questions, titres…) – organiser (catégories, plan, arbre) – apprentissage multi-épisodique : varier les contextes d'acquisition (lecture, document TV, etc.)
Mémoire imagée	– exploration oculaire – double codage	– analyse de l'image – codage verbal (légendes, etc.)
Mémoire des chiffres	– lexical spécialisé	– grouper par 3 et apprendre par cœur – associations – code chiffre-lettre
Mécanismes de récupération	– indices de récupération – plan de rappel – reconnaissance	– abréviations, mots clés, photos, etc – hiérarchie, phrases clés, schéma – mémo, liste de vérification

Tableau 1
Classification générale des méthodes de la mémoire (incluant les conceptions modernes, ex. la mémoire sémantique).

1 SAVEZ-VOUS QUE VOTRE MÉMOIRE EST AUSSI BIOLOGIQUE ?

1 Neurobiologie et « écologie » du cerveau

Comment un cerveau de 100 milliards de neurones pourrait-il produire une mémoire simple (par comparaison, rappelons qu'il y a 6 milliards d'habitants sur la terre, soit 20 fois moins que de neurones) ? La mémoire apparaît de plus en plus complexe d'après les recherches en biologie, neurologie et psychologie. En voici un panorama simplifié (pour un approfondissement, *cf.* Baddeley, 1993 ; Lieury, 1997, 2005 ; Nicolas, 2002). Il n'y a pas une seule mémoire mais plusieurs systèmes plus ou moins interreliés. Tout d'abord, il faut établir une distinction entre deux grandes catégories de mémoires, la mémoire épisodique et la mémoire procédurale. Depuis longtemps, par l'étude des amnésies (pertes de mémoire), on sait que la mémoire n'est pas localisée dans un endroit particulier mais qu'il existe différentes spécialisations. Le cerveau est approximativement constitué du cortex et des centres sous-corticaux (= sous le cortex, fig. 1.1).

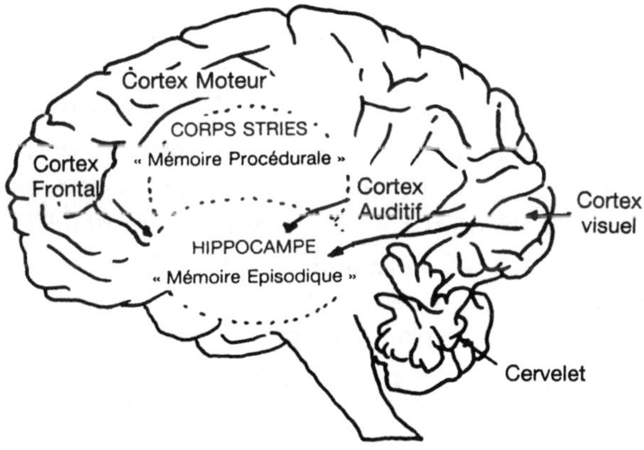

Figure 1.1
Les 2 grands « circuits » de la mémoire.

Le cortex est une couche de quelques millimètres, en surface, qui contient des milliards de neurones. Les zones du cortex sont spécialisées ; par exemple, le cortex occipital (en arrière) s'occupe de la vision, c'est en quelque sorte nos mémoires visuelles ; le cortex temporal s'occupe de l'audition, etc. Mais sous le cortex, existent des centres sous-corticaux dont la destruction (lésions, tumeurs, dégénérescence...) peut interrompre des grands circuits. De nombreuses recherches ont montré l'existence de deux grands circuits distincts intervenant dans deux grands systèmes de mémoire.

La mémoire, au sens habituel du terme, qui permet de se souvenir des mots ou des visages, a été dénommée « mémoire déclarative » par le neuropsychologue américain Larry Squire (*cf.* Lieury, 2005). Cette mémoire est détruite si une structure corticale appelée hippocampe est détruite (fig. 1.1). Les personnes victimes d'une destruction complète de l'hippocampe ne peuvent plus rien apprendre de nouveau. Néanmoins, elles conservent leurs souvenirs anciens (situés dans d'autres parties du cortex), ainsi que la mémoire à court terme (*cf. infra*). L'hippocampe joue probablement le rôle d'un archiviste en mettant en relation des informations multiples pour construire un nouvel épisode et le différencier des épisodes déjà enregistrés. Il est très sensible aux drogues (y compris l'alcool) et au stress. Vers la fin du XIXe siècle, le neurologue russe Korsakoff avait mis en évidence une amnésie empêchant l'enregistrement de tout nouveau souvenir chez des alcooliques chroniques. Il faut donc préserver la mémoire par une « écologie » du cerveau, peu d'alcool et pas de drogues, et éviter stress et surmenage, etc.

Le second circuit de mémoire est centré sur les corps striés (et le cervelet). Larry Squire l'a appelé la « mémoire procédurale ». Elle regroupe les apprentissages perceptifs et moteurs : apprendre à marcher, à écrire, à faire de la bicyclette...

2 L'apprentissage multi-essai (« par cœur »)

Les recherches sur ces apprentissages procéduraux (notamment chez beaucoup d'animaux qui ne possèdent que ce type de mémoire) montrent que le mécanisme essentiel est la répétition.

On sait que la répétition aboutit à des connexions stables entre neurones (par les points de jonction appelés synapses) et à une plus grande facilitation de communication (par les neurotransmetteurs). En général, il faut des dizaines ou des centaines de répétitions. Un bon exemple de cette courbe est donné dans l'apprentissage de la télégraphie avec l'alphabet morse, qui requiert 40 semaines, c'est-à-dire presque 10 mois. Les résultats indiquent une montée rapide de la performance suivie d'un plateau interprété comme les limites biologiques (fig. 1.2).

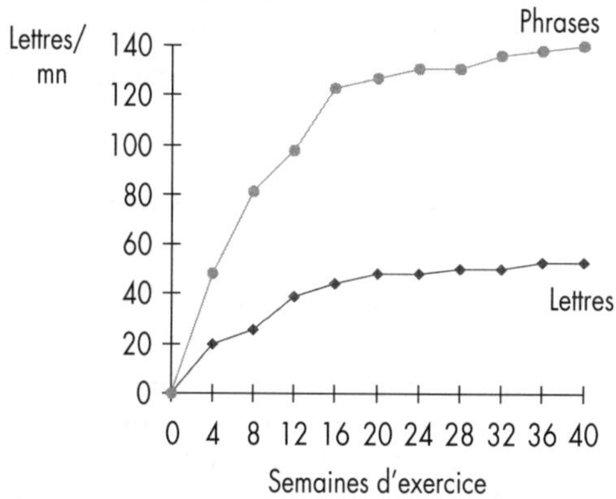

Figure 1.2
Apprentissage de la télégraphie (envoi de lettres ou de phrases reliées) (d'après Bryan et Harter, cités par Munn, 1956).

La marche, l'écriture, la prononciation (articulatoire) de mots étrangers ont nécessité des milliers de répétitions. Les gestes parfaitement réglés du danseur, du pilote, du travailleur à la chaîne requièrent des millions de répétitions. Par exemple, dans une imprimerie spécialisée dans les calendriers à Rennes, la cadence moyenne d'assemblage est de 7 000 calendriers par heure (de 6 000 à 8 000). Sachant que la semaine comporte 39 heures et que la « saison » de fabrication est de 6 mois, cela représente plus de 6 millions de calendriers assemblés par personne en une saison annuelle. Un ouvrier qui exerce cette activité dix ans (parfois jusqu'à vingt ans) aura répété la même séquence de gestes plus de 60 millions de fois… Du reste, l'évolution des performances sportives adopte souvent le même processus et ne fait un bond qu'avec l'invention d'une nouvelle technique (fibre de verre pour le saut à la perche, saut en fosbury pour le saut en hauteur). Sinon, les performances atteignent un plateau (sauf dopage), comme c'est le cas pour la course du 100 mètres et le saut en longueur. La performance sportive est un très bon exemple du temps considérable nécessaire qu'exigent la plupart des apprentissages sensori-moteurs.

La répétition est donc un mécanisme élémentaire du niveau biologique de la mémoire, et, en tant que tel, il est souvent incontournable. Bien qu'au pays de Descartes, l'apprentissage par cœur (par répétition) ait mauvaise réputation, il faut le revaloriser.

3 La méthode de l'apprentissage distribué

L'un des phénomènes ayant été découvert dès le début des recherches sur l'apprentissage est celui de l'apprentissage distribué : permettre des périodes de repos au cours de l'apprentissage donne généralement de meilleurs résultats que l'apprentissage massé. Par exemple, dans une situation où les sujets doivent ranger des petits cylindres dans des trous d'une boîte, Kimble et Bilodeau (1919, cités par Munn, 1956) réalisent plusieurs combinaisons de temps d'apprentissage et de temps de repos. Deux groupes apprennent par périodes de 10 secondes, et deux autres par périodes de 30 secondes, le repos étant lui aussi de 10 ou de 30 secondes. Les résultats (fig. 1.3) indiquent que, pour chaque durée d'apprentissage, le repos le plus long (30 secondes) est plus efficace, et ce d'autant que le temps d'exercice est plus long (30 secondes), ce qui suggère un épuisement important dans cette tâche minutieuse et rapide.

Les mêmes résultats sont en général obtenus avec les apprentissages verbaux (apprentissage par cœur). Deux hypothèses principales expliquent ces phénomènes :

- l'hypothèse de la fatigue ou inhibition réactive : en effet, le substrat de l'apprentissage est biologique, et le neurone s'épuise en apprenant (perte d'ions, d'acides aminés, d'ARN, etc.), tout comme le réfrigérateur de la cuisine ou la batterie de la voiture, ce qui explique la nécessité de périodes de repos ;

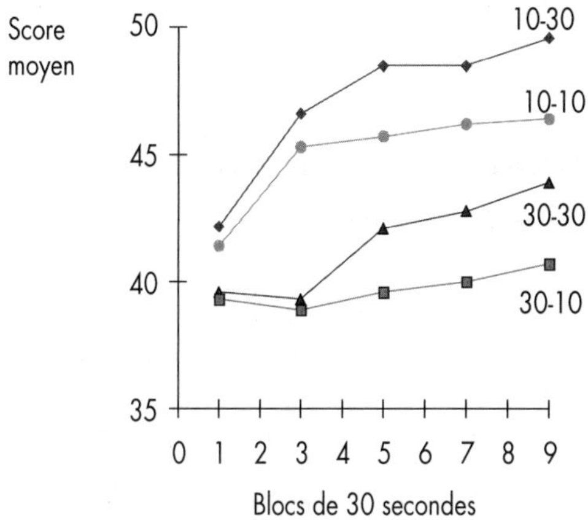

Figure 1.3
Supériorité de l'apprentissage avec repos (30 secondes par rapport à 10 secondes) (d'après Kimble et Bilodeau, 1919, cités par Munn, 1956)
Remarque : le 1er chiffre est la durée de l'apprentissage, le 2e chiffre celle du repos.

- l'hypothèse de la consolidation : l'apprentissage au niveau des neurones et de leurs connexions nécessite un temps (échanges de neurotransmetteurs, construction de prolongements cellulaires, etc.), si bien que ménager des périodes de repos facilite l'apprentissage. Un cas particulier très important est le sommeil, notamment la phase de sommeil paradoxal (phase où l'on rêve) dont les expériences chez l'animal montrent qu'il est indispensable pour la consolidation en mémoire (Leconte et Lambert, 1992).

Les étudiants qui bachotent ont donc tout faux ! Il faut apprendre progressivement et régulièrement, en se ménageant des périodes de repos (apprentissage « distribué ») et en privilégiant un sommeil. À l'inverse du bachotage (apprentissage « massé » pendant les derniers jours), il s'agit au contraire de bien se reposer et de bien manger, à l'approche des examens, afin d'éviter l'épuisement biologique au moment de l'examen lui-même.

4 Répétition et vitesse d'oubli : la méthode Busan

Depuis la première mesure de l'oubli en 1885 par l'Allemand Herman Ebbinghaus, des milliers d'études ont été faites sur l'oubli. La mémoire n'est pas un magnétophone, et l'oubli intervient dès que les connaissances apprises ne sont plus répétées.

Certains ont cherché des règles empiriques pour déterminer à quels délais il fallait « rafraîchir » la mémoire (méthode Busan). En réalité, il n'y a pas de loi universelle, car cela dépend de nombreux paramètres, en particulier du niveau d'exigence souhaité. Certaines mémoires procédurales reposent sur des milliers de répétition, et si l'on désire un haut niveau de performance, c'est un entraînement quotidien qui est nécessaire, c'est notamment le cas des musiciens et des acteurs de théâtre. Les enseignants savent par expérience qu'on peut oublier des détails que l'on a pourtant traités dans des cours antérieurs, dès qu'on ne fait plus un cours pendant deux ou trois ans.

La vitesse d'oubli dépend tout d'abord des codes. Les codes sensoriels sont très fragiles dans le temps. Vient ensuite le code lexical (le mot à mot). Le code imagé et le code sémantique sont les plus résistants à long terme. D'une manière générale, il faut donc favoriser le codage sémantique. Cependant, dans les connaissances, la mémoire lexicale est souvent requise, par exemple, les noms propres ou de concepts en histoire ou en géographie (code lexical). Comme les connaissances sont acquises dans un temps limité (ex. programme scolaire), apprendre beaucoup d'informations ne permettra pas beaucoup de répétitions, et l'oubli sera rapide. À l'inverse, limiter la quantité de connaissances permettra dans le même temps de les répéter plus souvent et ainsi de moins les oublier. En voici un exemple concret sur l'apprentissage d'une carte de géographie.

Dans une expérience sur des élèves de quatrième (élèves d'environ 14 ans), nous avons présenté (diapositives) une carte de géographie de l'Australie, découpée par des couleurs en quatre parties (= catégories). Mais selon trois groupes d'élèves, chacune des quatre catégories comporte deux, quatre ou six notions géographiques (ou noms de ville), soit selon les conditions, 8 notions (4 catégories de 2), 16 ou 24 notions. L'apprentissage s'opère en 6 essais : dans un apprentissage multi-essai, un essai comporte une présentation (ici, une minute) et un rappel en temps libre, en l'occurrence sur une carte vierge. Enfin, un rappel « test » (sur une carte vierge) est effectué une semaine plus tard.

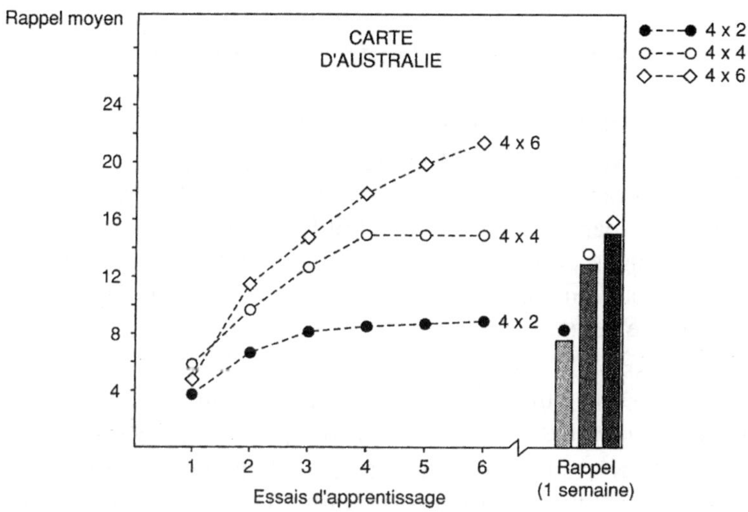

Figure 1.4

Lorsque la carte contient peu de notions (petites catégories), celles-ci sont répétées plus fréquemment et moins vite oubliées : la catégorie de 4 × 4 est un bon « compromis » (Lieury, Durand, Boivin, Prigent, Quiniou et Rouaux, cités par Lieury, 1996).

Avec un apprentissage de six essais, l'apprentissage est très efficace, puisqu'il permet de mémoriser jusqu'à environ 20 notions dans la carte de 24 (6 catégories de 4). Mais l'oubli est plus rapide après une semaine, le rappel est inférieur à 16 notions, de sorte qu'il tend à rejoindre la performance de la condition inférieure (16 notions). En terme de rentabilité, il est donc peu utile de faire apprendre beaucoup pour oublier vite (ce qui est le cas de la majorité des connaissances scolaires). Il vaut mieux apprendre une quantité moyenne, ici 16 notions (fig. 19.4).

Cette expérience simule en quelque sorte le bachotage. On peut mémoriser une grande quantité d'informations en vue d'un rappel proche, mais si l'on recherche un rappel à long terme, mieux vaut se limiter et réviser plus souvent.

5 La mémoire fonctionne aussi à court terme

Sur le plan du fonctionnement psychologique, la mémoire fonctionne à court terme et à long terme (*cf.* 2e partie). La capacité de la mémoire à court terme étant limitée, il faut baisser la surcharge, par exemple en simplifiant, voire en faisant des apprentissages progressifs. La meilleure méthode est d'apprendre par groupements (*chunks*), c'est la catégorisation (*cf.* § 3 sur la mémoire sémantique).

Connaissant la nature « normale » de l'oubli à court terme, il ne faut pas être anxieux ni vouloir l'impossible. Une méthode réaliste est de répéter pour soi-même (= autorépétition) et d'écrire l'information pour ne pas l'oublier (mémo) – par exemple, pour noter quelques informations d'une conversation téléphonique, alors qu'on est plongé dans une autre activité.

2 ET VOTRE MÉMOIRE LEXICALE ?

1 Les quatre formats de la mémoire lexicale

Le stockage lexical est la morphologie, la carrosserie des mots. Mais cette morphologie est une intégration complexe entre plusieurs « formats » du mot qui exige une intégration multimodale. Les mots ont quatre aspects lexicaux qu'il faut apprendre, le graphique/orthographique, l'auditif/phonologique, le programme de prononciation (vocalisation) et le programme d'écriture (fig. 2.1). La meilleure méthode est de multiplier les exercices : lecture et audition, d'une part, écriture et prononciation, d'autre part.

Cependant, la phonologie semble essentielle, vraisemblablement parce que le langage est d'abord oral chez le jeune enfant. C'est sans doute pour cette raison que les associations phonétiques ou les rimes favorisent la mémoire des mots, c'est ce qui passe dans plusieurs procédés mnémotechniques (*cf.* 1re et 3e parties), telles les comptines.

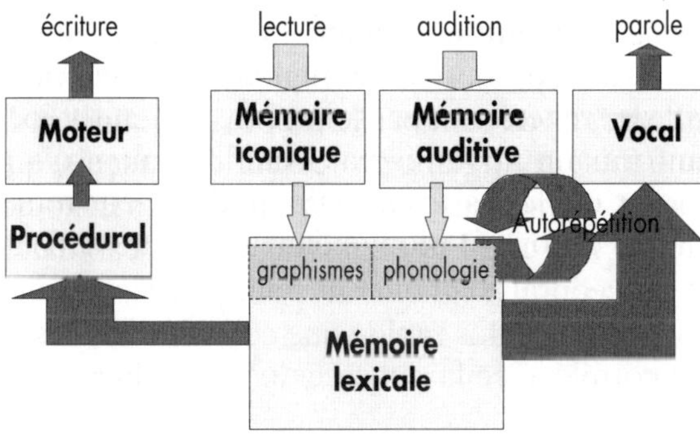

Figure 2.1
Les 4 formats de l'intégration lexicale.

Nous avons vu que la mémoire est multiple et qu'il existe deux grandes catégories de systèmes de mémoire, la mémoire procédurale qui permet les apprentissages moteurs (marcher, conduire, taper sur un clavier…) et la mémoire déclarative (apprendre un cours, un lexique…). Certaines connaissances, comme les langues étrangères, pourraient reposer sur les deux systèmes. L'observation courante met en évidence que de nombreuses années de pratique au collège et lycée aboutissent à des performances correctes en lecture, moins évidentes en audition (ex. film en VO) et faibles ou médiocres en prononciation. Cette dernière est un programme moteur particulier, articulatoire, et savoir prononcer un mot exige de nombreuses répétitions qui sont le signe d'une mémoire de type procédurale. Vous aurez beau expliquer maintes fois comment prononcer le « th » anglais, si vous ne le répétez pas des centaines, voire des milliers de fois, vous n'aurez jamais l'accent correct.

C'est pourquoi la meilleure façon d'apprendre une langue est de l'apprendre par immersion, soit dans le pays (stage, vacances), soit en laboratoire de langue, ce qui permet un entraînement à écouter les mots (phonologie du mot) et à prononcer le mot (construction du programme articulatoire). Il existe vraisemblablement un mécanisme de feedback (correction en retour) entre l'écoute et la prononciation, qui fait notamment que les malentendants ne pouvaient parler avant l'apparition des langages spécialisés, alors qu'ils n'étaient pas muets. De même, les accents selon les régions indiquent une telle régulation « audition-articulation ». D'ailleurs, ils ne sont pas le propre des jeunes enfants : j'ai rencontré une fois un Anglais, professeur de français, qui avait un étonnant accent marseillais, parce qu'il séjournait toujours dans cette région. Le fait que l'apprentissage du vocabulaire étranger soit surtout procédural expliquerait pourquoi les enfants ont une capacité d'acquisition plus rapide que celle des adultes, mais sans que cela soit corrélé avec la richesse du vocabulaire…

2 Le recodage vocal

La répétition est le mécanisme de base de l'apprentissage sur le plan neurobiologique, mais elle a d'autres fonctionnalités. Dans le cas des connaissances verbales, l'une des fonctions de la répétition est de permettre le recodage phonologique de l'information dans la lecture. Beaucoup d'apprentissages commencent par la lecture, or de nombreuses expériences ont souligné que la répétition à voix haute ou subvocale (si faible qu'on n'est pas conscient de cette « vocalisation ») favorise la mémoire.

3 L'autorépétition

La répétition vocale, ou apprentissage par cœur, est également utile à la mémorisation, parce qu'elle est cyclique, on parle d'autorépétition. Les chercheurs américains emploient d'ailleurs le terme de *rehearsal* qui signifie la répétition au théâtre, et le chercheur anglais Baddeley, qui a beaucoup travaillé sur ce mécanisme, la nomme la « boucle articulatoire ».

Différentes expérimentations ont permis de montrer que cette autorépétition sert de mémoire artificielle pour conserver l'information. Par exemple, si des amis vous donnent leur numéro de téléphone, l'autorépétition permet de le garder en mémoire, le temps de le noter sur votre répertoire. En outre, cette autorépétition prolonge le stockage pour permettre des codages plus élevés, notamment sémantiques. C'est pour cette raison que l'enfant et nous-mêmes avons tendance à autorépéter lors de la lecture d'un texte difficile. À l'inverse, supprimer la subvocalisation et l'autorépétition (ex. en faisant dire « lalalalala… ») ou la gêner en écoutant la télévision ou des chansons, entraîne une baisse de performance de 40 à 60 % (Lieury, 1997).

4 Apprendre par cœur ou apprendre du sens ?

La pédagogie, en particulier en France, est passée d'un extrême à l'autre aux alentours de la période réformatrice des années suivant mai 1968. Auparavant, la pédagogie traditionnelle valorisait le « par cœur », les répétitions à voix haute, les récitations de tables ou de poèmes, l'apprentissage de résumé, etc. Après ces années, une tendance nouvelle s'est dessinée avec la maxime « il suffit de comprendre pour apprendre ». Dans la 2e partie, nous avons vu que les apprentissages verbaux (mots, textes, etc.) reposent sur deux mémoires, la mémoire lexicale qui intègre notamment l'orthographique et le phonologique, et la mémoire sémantique qui se réfère au sens sur lequel les mots reposent. Il ne faut donc pas privilégier l'une ou l'autre mémoire, mais bien les deux ensemble (fig. 2.2).

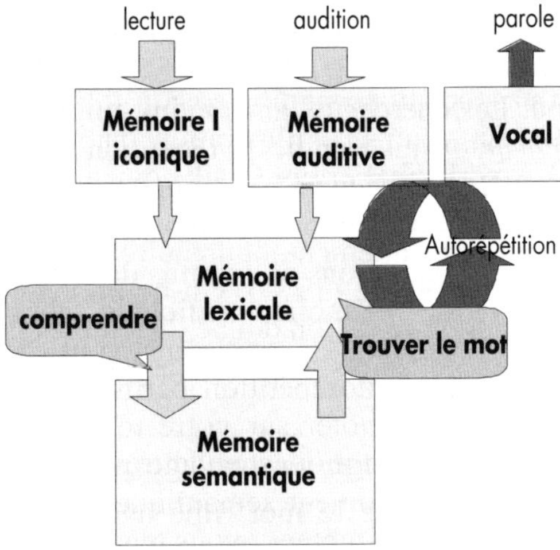

Figure 2.2
Les apprentissages verbaux reposent sur 2 mémoires, sémantique (comprendre le sens) et lexicale (trouver la « carrosserie » du mot) : l'apprentissage par cœur et celui du sens ne s'opposent pas mais se complètent.

3 COMPRENDRE... ÇA S'APPREND AUSSI !

1 Le codage sémantique : comprendre pour mieux apprendre

Comme l'ont pensé certains pédagogues, l'apprentissage par cœur ne suffit pas (ce qui ne signifie pas qu'il faut l'abandonner, *cf.* § 4 p. 159). En voici une illustration dans une expérience réalisée par l'Américain Fergus Craik, qui a particulièrement attiré l'attention sur l'efficacité des changements de codes en parlant de niveaux de traitement, et un autre grand chercheur de la mémoire, Endel Tulving (1975). On ne prévient pas ici que les mots sont à apprendre et l'on donne différentes instructions à différents groupes de sujets, ce qui va induire (à leur insu) certains types de codage :

- graphique = est-ce que le mot est en lettres capitales ?
- phonétique = est-ce que le mot rime avec (un exemple est donné) ?
- catégoriel = est-ce que le mot est un poisson (ou autre concept pour chaque mot de la liste) ?
- phrase = est-ce que le mot correspond à la phrase ? (Ex. pour « ami » : « il rencontre un… dans la rue ».)

Dans la liste, il y a autant de mots qui aboutissent à une réponse « oui » qu'une réponse « non ». Après la tâche (qui dure un temps égal selon les groupes), les sujets reçoivent une épreuve de reconnaissance inattendue. Ce type de mémorisation est appelé mémoire incidente (puisque les sujets ne sont pas prévenus). Voici les pourcentages de reconnaissance selon les instructions (fig. 3.1) :

Les résultats montrent un écart extraordinaire de performance allant de 20 à 95 % selon la tâche. Ces résultats s'interprètent par l'idée que la mémoire est composée de différents niveaux de traitement (*cf.* 2e partie), allant de niveaux sensoriels au niveau sémantique qui est très efficace. Chaque instruction ou tâche

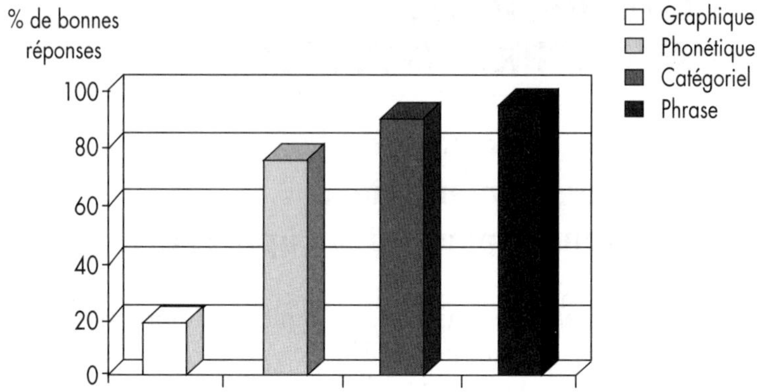

Figure 3.1
Le codage sémantique (catégoriel et phrase) assure la mémorisation la plus efficace. Le codage visuel (graphismes) est le moins efficace.

induit un codage d'un niveau plus ou moins élevé. Le codage visuel-graphique est très peu performant, car notre mémoire sensorielle visuelle est très fragile dans le temps, elle dure environ un quart de seconde (*cf.* Lieury, 2005). Le codage phonétique offre un bon stockage, car le recodage phonologique permet un stockage lexical, c'est pourquoi il est bon de vocaliser ou subvocaliser, contrairement à ce que prétendent certaines méthodes (notamment de lecture rapide où leurs auteurs visent une plus grande rapidité de lecture en supprimant le recodage verbal). Et le codage sémantique est le traitement le plus efficace de tous : la catégorisation ou l'insertion dans une phrase sont équivalentes, ce qui souligne un traitement sémantique dans les deux cas.

C'est naturellement le recodage lexical (vocaliser, subvocaliser, répéter) et surtout le codage sémantique qui doivent être valorisés en pédagogie, par exemple en insérant des questions (comme l'avait montré l'Américain Rothkopf) des phrases lacunaires, ou encore, comme l'ont suggéré d'autres auteurs, des titres, etc. Le recodage sémantique (d'autres expériences mettent en évidence qu'il inclut le recodage lexical/phonologique) permet de passer de 20 à 95 %.

Apprendre ne s'oppose pas à comprendre : au contraire, comprendre c'est mieux apprendre.

2 Grouper et bien ordonner…

La catégorisation sémantique

Beaucoup de gens pensent qu'ils apprennent efficacement en « visualisant » la page, notamment avec les couleurs. L'expérience précédente souligne bien que le codage visuel (pour vérifier la typographie) est très faible. Pourtant, dans les formations ou conférences où je raconte cette expérience, on me dit souvent que le rappel est peut-être faible, parce que les sujets ne sont pas avertis du rappel ultérieur des mots.

Pour prouver que la consigne d'apprendre ne change pas grand-chose, j'ai mis au point l'expérience suivante : une liste de 4 catégories de quatre mots (animaux de la ferme, fruits…) est présentée sur un écran de télévision grâce à un magnétoscope (vitesse : 2 secondes par mot). Chaque mot apparaît dans une couleur différente parmi six (rouge, vert, bleu…), en évitant que la couleur corresponde au concept (le mot citron est en noir ou bleu). La liste de mots doit être mémorisée mais selon deux types d'instructions pour deux listes successives (du même type mais avec des catégories et mots différents). Le rappel intervient tout de suite après la mémorisation de chaque liste :

> 1re liste – INSTRUCTION COULEUR : Apprenez les mots avec leur couleur. (Remarque : on ne prévient pas les sujets à l'avance que les mots sont catégorisés.)
> 2e liste – INSTRUCTION CATÉGORIELLE : Vous avez peut-être remarqué dans la 1re liste que les mots étaient par catégorie ; cette fois, ne faites pas attention aux couleurs, mais apprenez les mots par catégorie.

Les résultats moyens sont les suivants (fig. 3.2) : dans l'instruction « visualisation avec les couleurs », le rappel moyen n'est que de 2 mots rappelés avec la bonne couleur sur les 16 de la liste. C'est donc très faible, ce qui montre à nouveau, comme on le sait par de multiples expériences de laboratoire, que notre mémoire visuelle est très mauvaise. Au contraire, le rappel des

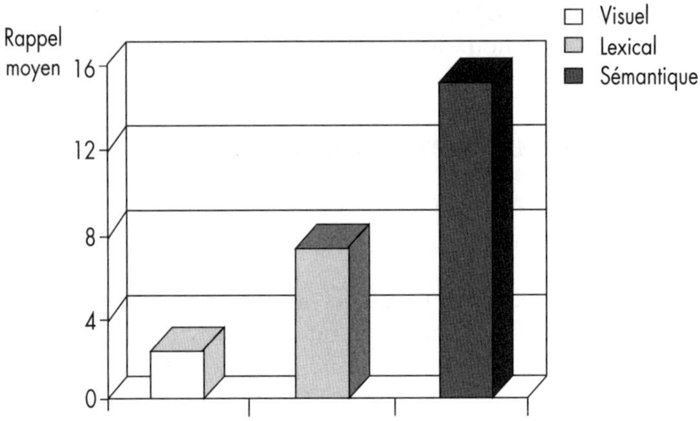

Figure 3.2
La mémorisation la plus efficace est la catégorisation sémantique, la visualisation (couleur) donnant les résultats les plus faibles.

mots (avec ou sans la bonne couleur) est nettement plus élevé, environ 7 mots, c'est l'effet du code lexical. Enfin, lorsque les instructions soulignent la possibilité de regrouper les mots par catégories sémantiques, le rappel est excellent, 15 mots sur 16, soit 95 %. Dans ce dernier cas, il y a déjà fusion des deux mécanismes, le recodage sémantique et l'organisation, ici la catégorisation. La visualisation ne s'avère donc pas efficace.

L'impression que les gens ont de mieux apprendre « visuellement » est fausse. En réalité, c'est le codage sémantique qu'ils font sans s'en apercevoir qui est efficace : par exemple, s'ils mettent des titres en couleurs, c'est l'activité de catégorisation par des titres qui est efficace et non celle de les colorer. Lorsqu'on construit une fiche de cours, ce n'est pas la visualisation qui est efficace ; il s'agit de lire plusieurs fois le cours (répétition) pour faire la fiche et de faire un plan (catégorisation). La catégorisation peut aussi être phonétique (les mots par rimes ou commençant par la même initiale) ou visuelle (ou imagée), par exemple en regroupant les objets (lorsque c'est possible) par similitude physique (les ronds, les carrés) ou par couleur.

La hiérarchie catégorielle

Le procédé qui est de loin le plus efficace est la hiérarchisation sémantique basée sur une catégorisation de plus en plus abstraite. En effet, elle allie le processus d'organisation (mise en paquet dans la mémoire à court terme, *cf. infra*) avec l'organisation la plus poussée de la mémoire sémantique, la hiérarchie catégorielle.

Cette efficacité spectaculaire a été vue lors de la description de l'expérience de Gordon Bower sur les plans de rappel (*cf.* 2e partie, § 2). Dans cette célèbre expérience, une liste impressionnante de 112 mots est ainsi présentée sous la forme de 4 planches d'une quarantaine de mots présentés de manière hiérarchique (*cf.* 2e partie, fig. 3.7). Pour le groupe contrôle, les 112 mots sont mélangés et présentés en colonne, également sur 4 planches.

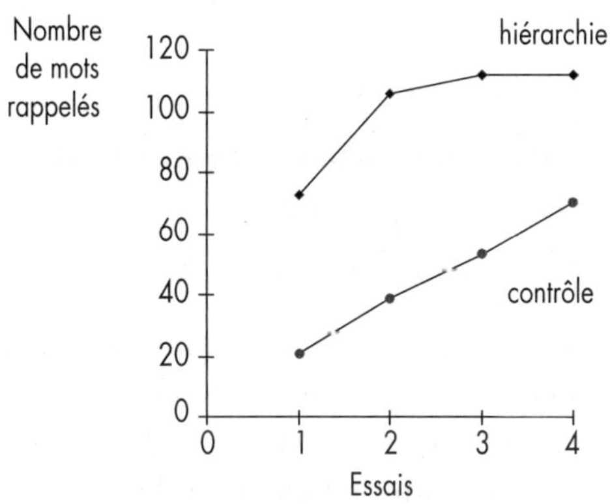

Figure 3.3
Nombre de mots rappelés en fonction de la présentation hiérarchique ou mélangée (contrôle) d'une liste de 112 mots (d'après Bower et al., 1969).

Le rappel est exceptionnellement efficace dès le premier essai (fig. 3.3), puisque le rappel correspond à 70 mots, soit dix fois la capacité usuelle de 7. Dès le troisième essai, la totalité des

112 mots de la liste est rappelée, ce qui est une performance spectaculaire. Par ailleurs, les sujets du groupe contrôle ont un rappel très correct, ce qui indique une activité d'organisation spontanée.

C'est de loin la meilleure méthode, bien anticipée par Pierre de la Ramée (*cf.* 1re partie), qui correspond en outre à un plan de récupération (3e partie, § 3). Cependant, elle n'est valable que si les mots et les catégories existent déjà en mémoire sémantique, si bien que chez des élèves ne connaissant pas ou pas assez bien les catégories, cette méthode n'est pas pertinente (Lieury, 1997). Comment faire donc, chez les jeunes élèves, pour fabriquer de nouveaux concepts en mémoire sémantique ? C'est ce que les inventeurs de procédés mnémotechniques n'ont jamais bien compris, car il fallait des connaissances sur deux mémoires découvertes récemment, la mémoire sémantique et la mémoire épisodique.

3 La genèse du sens : l'apprentissage multi-épisodique

L'abstraction des concepts à partir des contextes

Une fonction découverte plus récemment grâce à la théorie de la mémoire épisodique (2e partie) est que la répétition permet d'abstraire les concepts en fonction de la répétition dans des contextes variés. Si je demande à un adulte ce qu'est un bateau, il me répondra que c'est un moyen de déplacement sur la mer, qu'il y a des bateaux de pêche ou de transport, que c'est un loisir, etc. Si je pose la même question à un jeune enfant, il me décrira son bateau, ou le bateau qu'il vient de voir lors d'une promenade au bord de la mer. Bref, l'adulte a une définition générique, conceptuelle, tandis que l'enfant a une connaissance épisodique rattachée à un contexte précis. Ce n'est donc que par l'apprentissage dans de multiples contextes que des traits généraux vont s'abstraire progressivement pour construire, en mémoire, les concepts des choses. Les mots eux-mêmes ne sont donc pas des entités directement enregistrées, comme la plupart des gens le croient, mais des concepts progressivement appris au travers de multiples contextes.

C'est pourquoi le mathématicien trouve évident le théorème de Pythagore, mais pas les élèves. Imaginons qu'un professeur enseigne ce théorème à partir de deux exemples et qu'il donne quatre exercices sur ce théorème. La mémoire conceptuelle du théorème de l'élève ne reposera seulement que sur 6 épisodes. Pour reprendre notre exemple de départ, c'est comme si l'élève n'avait appris le mot bateau que dans six contextes différents. La mémoire conceptuelle du professeur reposera, bien au contraire, sur des milliers d'épisodes, grâce à ses années de formation et à ses années de pratique en tant qu'enseignant. La répétition n'est pas ici seulement la condition biologique de la mémorisation, mais elle est une condition de l'abstraction.

L'apprentissage multi-épisodique

La sémantique s'apprend donc, non comme une répétition par cœur (de l'unité lexicale) mais comme de multiples épisodes contenant chacun une parcelle de sens. Afin de différencier ce type d'apprentissage, centré sur la sémantique, du classique apprentissage multi-essai (« par cœur »), j'ai appelé « apprentissage multi-épisodique » une méthode déduite de la théorie selon laquelle la sémantique est l'abstraction de plusieurs épisodes. Ce type de méthode a été expérimenté avec différents enseignants, dans différentes situations scolaires, primaire, centre de formation pour apprentis (CFA), BTS et baccalauréat (Lieury, 1997 ; Lieury *et al.*, 1998).

L'expérience décrite ci-après constitue un bon exemple, dans la mesure où il est rare qu'on puisse comparer une condition expérimentale à une condition avec un cours classique pris comme groupe contrôle. Dans le cadre d'un réseau de recherche[1], un programme d'apprentissage multi-épisodique a pu être évalué dans un module de microbiologie du baccalauréat

1. Recherche-action en microbiologie menée par Alain Lieury, Jean-Philippe Lalande et Bernadette Fleury au lycée agricole dans le cadre d'un réseau de recherche de ministère de l'Agriculture (1996).

professionnel de l'enseignement agricole. Le cours choisi est la cellule bactérienne. Deux classes au hasard sur quatre ont eu seulement le cours théorique et une séance de révision par un professeur, et constituent le groupe contrôle, tandis que les deux autres groupes ont participé au programme expérimental. Le programme expérimental comprend de multiples épisodes aussi variés que possible, allant des travaux pratiques à des vidéos :

– l'épisode 1 est un document vidéo *Pasteur* ;
– le 2 des documents sur la conduite des travaux pratiques (réalisation, sécurité, maintenance…) ;
– le 3 un document vidéo sur les principaux domaines de recherche de l'institut Pasteur ;
– le 4 une série de travaux pratiques (TP) sur les techniques de coloration différentielle permettant d'initier à la classification des bactéries (définie dans le cours théorique) ;
– le 5 consiste en une synthèse effectuée par les élèves de la séance de TP ;
– le 6 est un TP sur les repiquages et les cultures de microorganismes ;
– le 7 est le compte rendu du TP n° 2 ;
– enfin, le 8 est le film *Pasteur* avec Sacha Guitry.

Les tests sont soit des tests complets (prétest ou posttest), soit des tests intermédiaires, qui sont utilisés pour donner une « photographie » de la mémorisation en cours d'apprentissage (tests clichés) dans la condition multi-épisodique. Le prétest est passé après le cours théorique traditionnel dans les deux groupes, ce qui permet, en outre, de vérifier l'équivalence des cours dispensés par les deux enseignants. Le même test est donné après le dernier épisode, trois mois plus tard (début juin, le cours ayant eu lieu début avril).

Le programme d'apprentissage s'avère efficace, puisque le score de réussite au même test avant et après le programme d'apprentissage passe de 8,28 à 13,16 (fig. 3.4), soit environ 60 % d'augmentation. Cette performance est plus du double de celle du groupe contrôle (cours classique) qui n'obtient à ce post-test de juin qu'une moyenne de 5,66. Il n'y a donc aucune progression dans le groupe contrôle par rapport au prétest,

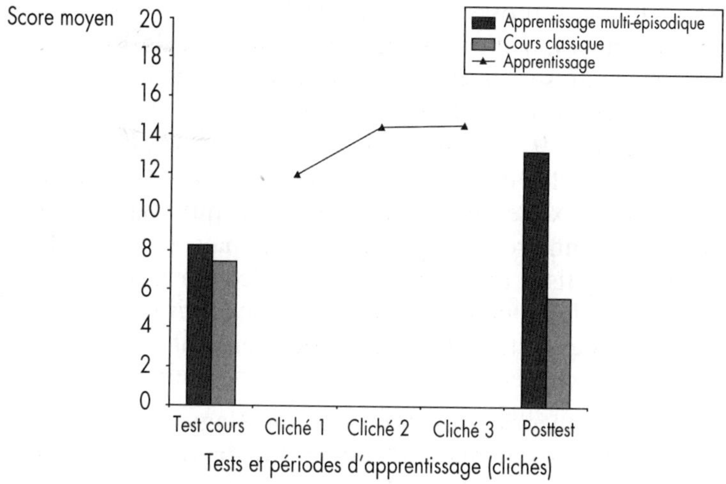

Figure 3.4
Effets de l'apprentissage multi-épisodique dans un programme de microbiologie (Lieury, Lalande et Fleury, 1998).

alors que ce groupe a quand même bénéficié d'une révision du cours durant une semaine. Comme l'ont souligné d'autres expériences (Lieury, 1997), un bon cours ne suffit pas. La compréhension repose sur la mémorisation (mémoire sémantique) dont l'apprentissage multi-épisodique paraît être un mécanisme essentiel.

Une méthode qui n'en a pas l'air : la lecture

La lecture pourrait bien être un cas particulier d'apprentissage multi-épisodique. En effet, comme l'ont fait remarquer les premiers William Nagy et Richard Anderson (1984), de l'université d'Illinois, le stock de mots à acquérir au cours de l'évolution scolaire est énorme. Dans leur étude impressionnante, *How Many Words Are There in Printed School English ?* (Combien y a-t-il de mots dans l'anglais scolaire imprimé ?), ils sont partis d'un recueil de fréquence de mots réalisé sur ordinateur (par Carroll, Davies et Richman, 1971) à partir de

5 088 721 mots provenant d'un millier de textes scolaires, manuels, encyclopédies, magazines. Ensuite, ils ont effectué différentes analyses sur des échantillons et ont estimé le vocabulaire scolaire à 88 500 mots distincts dans le vocabulaire jusqu'au grade 9 (environ 14 ans). Cela correspond à une moyenne annuelle de plus de 10 000 mots à acquérir chaque année. Pour eux, les mots ne sont pas acquis par instruction directe (dictionnaire, lexique, cours...) mais tout simplement par la lecture. Ils estiment qu'un élève, lecteur moyen, lit environ 1 million de mots par an, et c'est donc par inférence d'après le contexte de lecture que les mots seraient principalement acquis.

Dans cette théorie très originale de Nagy et Anderson, la lecture n'est plus seulement un objectif pédagogique à atteindre, puisqu'elle est une méthode. La lecture n'a plus le statut d'activité banale, elle est tout au contraire la méthode la plus rapide et la plus économique d'acquisition du vocabulaire. À l'ère du multimédia, il faut ajouter à la lecture les documents télévisuels, la recherche sur Internet, comme nouveaux épisodes d'apprentissage. C'est évidemment un point de vue aux antipodes des méthodes artificielles du XIXe siècle.

4 Que savez-vous de votre mémoire imagée et de votre mémoire des chiffres ?

L'efficacité de l'image dans la mémorisation avait bien été observée, nous l'avons amplement vu (1re partie). L'image est donc, fort justement, à la base de plusieurs méthodes (3e partie, § 13.3). Cependant, les études récentes montrent que le stockage imagé est puissant mais pas aussi spontané qu'on le croit habituellement. L'œil ne voit avec une bonne acuité que dans un angle de 2 à 4 degrés (*cf.* Lieury, 2004), ce qui entraîne des saccades oculaires pas toujours systématiques. Il faut donc analyser l'image, centrer sur les détails importants, etc. Enfin, contrairement à cette idée commune, le stockage de l'image n'est très efficace que lorsqu'il y a un double codage, imagé et verbal. Il faut donc dénommer (mots, légendes) les parties de l'image ou du schéma pour les rendre efficaces.

La mémoire des chiffres ou des numéros est l'une de nos faiblesses, sauf cas particulier. Les chiffres font partie d'un système lexical particulier (ou occupent d'autres mémoires chez certains calculateurs prodiges) et sont facilement oubliés, car toutes les suites de chiffres et numéros sont des nouvelles combinaisons des mêmes dix chiffres, de 0 à 9, d'où un mécanisme d'oubli puissant, les interférences (Lieury, 2005). Les méthodes usuelles sont l'apprentissage par cœur, par groupes de deux ou trois (encouragement de la catégorisation), ou en effectuant quelques associations, par exemple en remplaçant des groupes de deux chiffres par les départements correspondants (mais encore faut-il les connaître). C'est là où les mnémonistes ont été très originaux en inventant des codes chiffre-lettre et des méthodes dérivées (1re partie, § 5 et 6 ; 3e partie, § 16). Cependant, si ces méthodes sont le plus souvent réellement efficaces, elles nécessitent un long entraînement préalable et n'ont plus vraiment leur place dans notre ère électronique (téléphone et ordinateur portables).

5 Vos souvenirs sont-ils vraiment effacés ?

La mémoire à long terme possède une capacité énorme, et seuls les indices de récupération vous aident à retrouver des informations spécifiques (nom, image, etc.) dans cette gigantesque bibliothèque. C'est ce fonctionnement fondamental de la récupération que les « alchimistes » de la mémoire avaient bien pressenti. Mais l'expérimentation (3e partie, § 14 et 15) permet de séparer les bonnes méthodes, sans surcharge et en privilégiant la sémantique : résumé, schéma, arborescence des méthodes plus artificielles.

Toutefois, notamment quand il y a un ordre, quelques procédés, telles les phrases clés, sont occasionnellement intéressants. Lorsqu'il s'agit d'informations individualisées, les indices de récupération sont utiles : abréviations, mots clés, photos de l'album. Lorsque le rappel porte sur des informations multiples (listes, mots clés d'un texte…), les meilleures méthodes sont la hiérarchie, les phrases clés et le schéma. Enfin, lorsqu'il est nécessaire de maximiser le souvenir, la reconnaissance est le meilleur des modes de sondage de la mémoire ; le mémo ou la liste de vérification (check-list) en sont les méthodes pratiques. Mais rappelez-vous que les mécanismes de récupération ne sont efficaces que si les informations sont déjà stockées.

CONCLUSION

De l'Antiquité à la Renaissance, alchimistes et mages ont cherché, à l'instar de la pierre philosophale, la méthode magique susceptible d'ouvrir les portes de la mémoire absolue. Plus pragmatiques, les mnémonistes du XIXe siècle ont essayé d'inventer des techniques, une « sténographie » de la mémoire. Dans les deux cas, nous savons maintenant que c'est un mythe irréalisable. La mémoire est si complexe que c'est une illusion de penser qu'une méthode unique permettrait de tout acquérir et sans oubli.

L'approche doit donc être multimodale. Pour des mémoires et mécanismes multiples, il faut de multiples méthodes. Mais de cette mémoire aux multiples facettes, émerge la mémoire sémantique qui, étant le mode de stockage le plus abstrait, favorise les mises en relation entre les codes les plus variés et l'organisation des connaissances. C'est à partir de l'abstraction d'épisodes variés – lectures, émissions de radio, cours, documents télévisés, etc. – que la mémoire sémantique s'élabore. À chaque contexte d'apprentissage, c'est par milliers que les mots sont abstraits de leur gangue épisodique pour construire les concepts, ces piliers de la mémoire des connaissances…

QUIZ

En guise de conclusion ludique, voici quelques rappels ou compléments sur la mémoire sous forme de Quiz…

1. D'où vient le mot « mémoire » ?

Il était une fois… une déesse grecque qui s'appelait **Mnémosyne**. Cette déesse, belle comme la Vénus de Botticelli, fut charmée par Zeus, un fameux coureur de jupons celui-là, qui allait même, comme on nous l'a appris à l'école, se changer en vache pour séduire les jolies Grecques. D'après la légende qui nous vient du Ve siècle avant notre ère, Mnémosyne séduisait Zeus et les dieux en chantant les airs à la mode et en racontant les petits potins de l'Olympe. Si bien que les Grecs en firent la déesse de la mémoire. De ce mot viennent des qualificatifs comme « mnésique, mnémotechnique » ou des noms comme celui d'amnésie qui signifie être privé de mémoire et, avec un petit lifting, le mot « mémoire » a ainsi été enfanté…

2. De quand date la première méthode de la mémoire ?

La première méthode a été inventée par un poète grec du nom de **Simonide** de Céos, lors d'une aventure digne d'un film catastrophe. Le récit nous est conté de façon quelque peu légendaire par des avocats romains, Cicéron qui vivait à l'époque de Jules César et Quintilien (Ier siècle). Cette année-là, il y a cinq siècles avant notre ère, un athlète remportant le prix de pugilat, peut-être

Scopas de Thessalie, demande à Simonide de vanter sa force en écrivant un poème. Celui-ci s'exécute mais se perd en digressions sur les demi-dieux Castor et Pollux, si bien que le pugiliste ne lui paie que la moitié du prix convenu. Selon la légende, les demi-dieux lui auraient payé leur dette car le soir tout le monde se retrouve autour d'un grand festin dans une villa, que certains situent à Pharsale comme Simonide le laisse entendre. Au cours du banquet, un serviteur s'approche de Simonide et lui apprend que deux cavaliers montés sur deux beaux chevaux blancs le demandent (tout le monde aura reconnu Castor et Pollux). Mais, à peine Simonide sorti, le toit de la villa s'écroule (sans doute un tremblement de terre) écrasant si bien les convives que ceux-ci restent méconnaissables et impossibles à identifier. Les familles se tournent alors vers le seul rescapé et celui-ci retrouve de mémoire l'emplacement des convives. Cette observation le conduisit à imaginer la « **méthode des lieux** » qui consistait à mémoriser une liste d'objets (ou de personnages) sous forme d'images mentales et à placer chaque image selon les emplacements d'un itinéraire bien connu, par exemple les places d'une villa, les échoppes d'une rue.

3. Que pensait-on de la mémoire autrefois ?

Les Grecs avaient une haute estime de la mémoire, synonyme pour eux de connaissance et non réduite au sens de mémoire « par cœur » comme elle eut cette réputation par la suite. Aristote, le plus grand savant de l'Antiquité, a consacré à la mémoire un traité et avait déjà observé des mécanismes intéressants comme les associations d'idées. De grands avocats romains, comme Cicéron et Quintilien, réservent un chapitre dans leur livre sur l'art de faire des discours, à la mémoire. Mais l'auteur de l'Antiquité ayant le plus écrit (une dizaine de chapitres de ses « Confessions ») est Saint Augustin (Ve siècle de notre ère), évêque d'Hipponne (Bône en Algérie). Cet intérêt est constant pendant le Moyen Âge ainsi lorsque Charlemagne[1] demande à son conseiller

1. Yates, *L'Art de la mémoire*, Gallimard, 1975.

Alcuin : « Que vas-tu me dire maintenant de la Mémoire, que je pense être la partie la plus noble de la rhétorique ? » ? Alcuin répond : « La mémoire est la **salle au trésor** de toutes les choses et, si l'on n'en fait pas la gardienne de ce que l'on a pensé sur les choses et sur les mots, nous savons que tous les autres dons de l'orateur, quelque excellents qu'ils puissent être, seront réduits à rien » et jusqu'à la Renaissance où la mémoire était souvent considérée comme la faculté la plus précieuse.

4. De quand date la première étude scientifique sur la mémoire ?

La première étude scientifique de la mémoire date de 1885 et elle est due à l'Allemand Herman **Ebbinghaus**. Celui-ci apprenait lui-même des poèmes, des listes de syllabes et mesurait le temps qu'il mettait pour apprendre puis pour réapprendre à des délais variés, d'une heure à un mois. C'est à lui que l'on doit la première mesure de l'oubli, qui croît très rapidement puisque le rappel chute de soixante pour cent au bout de vingt minutes à vingt pour cent au bout d'un mois.

5. Vos souvenirs sont toujours véridiques

Vrai et faux. On a souvent tendance à avoir confiance dans ses propres souvenirs mais les problèmes commencent déjà lorsque l'on évoque, soit dans un couple, soit entre amis, des souvenirs concernant des événements que tout le monde a vécus ; les avis divergent très souvent. Lorsqu'il s'agit d'enfants, ce n'est pas mieux contrairement à l'adage « La vérité sort de la bouche des enfants ». À l'initiative d'une chercheuse américaine, Elizabeth Loftus, de nombreuses recherches ont été faites pour essayer de comprendre l'origine des faux souvenirs mis sur le devant de la scène lors de procès retentissants. Plusieurs cas ont ainsi défrayé la chronique. Beth Rutherford, dans le Missouri, a le souvenir d'avoir été violée par son père pasteur et d'avoir été enceinte deux fois. Mais, alors que le père dut démissionner de sa charge sous le poids des accusations, les examens médicaux révélèrent que la jeune femme n'a jamais été enceinte puisqu'elle est encore vierge... Elizabeth Loftus décrit ainsi plusieurs cas de patientes dont les faux souvenirs ont mis en accusation des innocents. Ainsi cette jeune aide-soignante convaincue, sous hypnose par son thérapeute, qu'elle a été embrigadée dans une secte satanique qui l'a poussée à manger des bébés... Cette chercheuse avait déjà montré que les souvenirs pouvaient être largement déformés par des événements plus tardifs et notamment par des questions ultérieures. Ainsi, faisant voir des diapositives relatant un accident de la circulation, une voiture verte y apparaît, renversant un cycliste pour éviter un poids lourd. Si des questions sont du genre « Pourquoi la voiture bleue a-t-elle renversé le cycliste » et que plus tard, on demande la couleur de la voiture, plusieurs « témoins » disent qu'elle était bleue, alors qu'elle était verte. Une des raisons de ces **faux souvenirs** est que nous n'avons pas de mémoire photographique et que les souvenirs sont construits à partir d'éléments imagés et surtout d'éléments verbaux qui peuvent eux-mêmes se transformer en image ; cette construction évolue au cours du temps et peut se transformer en reconstituant des éléments manquants en fonction d'une meilleure logique de l'histoire, ou en agglomérant des éléments qui proviennent d'autres événements, comme dans des questions posées par un enquêteur ou un thérapeute. Ainsi, d'autres chercheurs ont présenté à des sujets des histoires concernant leur enfance et racontées par leurs parents ; mais à ces événements réels étaient ajoutés de faux, comme par exemple la venue d'un clown pour leur anniversaire. Lors d'un premier entretien, aucun sujet ne se rappelle de cet événement rajouté mais plus tard, lors d'un second entretien, 20 % des personnes s'en rappellent et rajoutent des détails, alors qu'il s'agit d'un faux souvenir. Cependant 80 % des personnes ont gardé un bon souvenir : la mémoire semble dans l'ensemble plus fiable que fabulatrice...

6. À quand remontent vos premiers souvenirs ?

En moyenne, les souvenirs les plus anciens des adultes (y compris jeunes) sont datés, lorsqu'on peut les vérifier, entre

trois et quatre ans. Freud pensait que cette perte de la mémoire était due à une répression de la sexualité infantile, mais cette théorie n'est plus admise par la majorité des chercheurs qui voit dans ce phénomène un résultat de la construction de la mémoire et du langage. En somme, pour avoir la mémoire d'un souvenir, il faut déjà être capable de le raconter.

7. Vos premiers souvenirs sont attachés à des émotions

Vrai. Les premières études sur la mémoire (Catherine et Victor Henri en 1896) ont souvent montré que les souvenirs qui nous restent de notre enfance sont attachés en général à des émotions fortes, comme la joie, mais plus souvent encore à des émotions négatives comme une peur intense, la honte… Pour une part, l'épisode accompagné d'une émotion forte se détache mieux des autres épisodes ; c'est la raison pour laquelle on se rappelle mieux des « premières », premier amour, une remise de prix ou de médaille pour un sportif, pièce de théâtre, voyage à l'étranger. Mais un autre mécanisme, biologique celui-ci, explique aussi l'effet des émotions. Dans le cerveau, près de l'hippocampe qui permet l'enregistrement des choses nouvelles, est attachée une autre structure, **l'amygdale** (ne pas confondre avec les amygdales qui sont dans la bouche). L'amygdale a pour fonction d'associer le contexte de l'événement (le lieu par exemple) à l'émotion. Lorsque l'événement suscite une émotion forte (comme la colère ou la peur…), des molécules spéciales sont envoyées à l'hippocampe qui enregistre mieux.

8. Vos souvenirs sont associés à des odeurs

Faux. Cette légende vient du célèbre **épisode de la madeleine**, de l'écrivain Marcel Proust, dans lequel une madeleine trempée dans du thé lui rappelle des souvenirs d'enfance. En fonction de ce genre d'observations anecdotiques, on pourrait croire que la mémoire des odeurs est puissante mais ce n'est pas le cas. Un chercheur américain a fait associer des chiffres à six odeurs (camphre, vanilline). Déjà, une semaine plus tard, 50 % seulement des odeurs sont reconnues (trois sur six). Mais l'association du bon chiffre est encore plus difficile et seulement un tiers des odeurs est associé au bon chiffre. Comme on peut objecter que le pouvoir associatif des odeurs est peu favorisé avec des chiffres nous avons réalisé dans notre laboratoire une expérience dans laquelle 8 odeurs (santal, citron, mandarine, musc...) étaient associées pendant deux minutes à une action, par exemple « ouvrir une porte, la fermer et empiler trois chaises », « dessiner quelque chose », « lire l'Iliade d'Homère », etc. Dans une deuxième expérience, d'autres sujets devaient mémoriser une photographie associée à chacune des 8 odeurs, par exemple « une femme montrant la photo de son fils », « un karatéka », « un parachutiste »... Les résultats sont encore plus décevants puisqu'un seul sujet sur 13 est capable de rappeler après une semaine une action à une odeur, les autres associations sont erronées. Dans la condition « photos », il y a 11 % d'associations correctes d'une photo à l'odeur spécifique. On est loin évidemment de ce que suggère l'épisode de la madeleine. Plus que son odeur, c'est peut-être la vue de la madeleine qui fut efficace !

9. On retient mieux les choses qui nous plaisent

Vrai. On retient mieux les choses qui nous plaisent car cela touche aux mécanismes essentiels de la **motivation**. La motivation augmente avec le sentiment de compétence et les recherches révèlent que l'on est d'autant plus intéressé que l'on connaît déjà. Une de mes expériences a par exemple montré que d'une liste de jouets, les filles se rappellent mieux les jouets de filles et symétriquement, les garçons se souviennent mieux des jouets de garçons. De même des étudiants évoquent un plus grand nombre d'informations concernant des documentaires proches de leur spécialité. Mais la motivation dépend d'un autre « ressort », le sentiment d'autodétermination (sentiment de liberté) : on aime d'autant mieux l'activité qui a été choisie librement. Les élèves apprennent plus facilement le nom des stars du moment que leur leçon d'histoire...

10. Il existe un centre de la mémoire dans votre cerveau

Vrai et faux. La mémoire des connaissances, mots, images, visages, est répartie dans le **cortex**, un « manteau » de seulement cinq millimètres d'épaisseur, mais qui contient vingt milliards de neurones. Ainsi, les formes des objets et les images sont dans le cortex occipital (arrière), les mots sont stockés dans la partie gauche du cortex tandis que les visages sont à droite… Tous ces systèmes sont en quelque sorte des bibliothèques spécialisées. Cependant, il existe une structure unique sans laquelle rien ne fonctionne, c'est **l'hippocampe** (les anatomistes ont trouvé que de face, cette structure du cerveau a la forme du poisson à tête de cheval). L'hippocampe est l'archiviste de ces bibliothèques, il enregistre les nouveaux souvenirs, comme le bibliothécaire enregistre les nouveaux livres. Si bien que des malades, privés de leur hippocampe, sont amnésiques et ne se rappellent plus le contenu du journal lu une heure auparavant, ou des personnes venues les visiter. Cependant, ces patients gardent les souvenirs antérieurs à leur maladie.

11. Faire du vélo ne s'oublie jamais

Vrai. Dans l'ensemble, les apprentissages sensori-moteurs, comme faire du vélo, nager, conduire, ne s'oublient jamais car ils dépendent d'un système de mémoire différent de celui qui s'occupe des connaissances, mots ou images. Des chercheurs ont découvert que des personnes (non âgées) ayant des lésions de l'hippocampe (blessures de guerre, etc.) pouvaient néanmoins mémoriser des apprentissages moteurs, mais sans s'en rendre compte consciemment. Un neuropsychologue a donc fait une distinction entre deux grands systèmes de mémoire, la mémoire déclarative, qui est la mémoire consciente des mots, images et visages et par ailleurs la mémoire procédurale qui concerne la mémoire des habitudes motrices. Faire du vélo, conduire une voiture, nager… font donc partie de cette **mémoire procédurale** basée sur d'autres systèmes du cerveau (corps striés) et notamment le **cervelet** qui serait le siège des automatismes, marcher, manger… Ces automatismes bien consolidés par des milliers de répétitions sont très solides et ne s'oublient quasiment pas (même si la performance en elle-même baisse).

12. La mémoire des enfants est la meilleure

Faux. La plupart des gens pensent que la mémoire des enfants est meilleure que celle des adultes et les observations présentées à l'appui de cette idée sont multiples. Telle mère de famille raconte par exemple qu'elle s'est fait battre à plate couture par sa fille de 10 ans au jeu *Memory*. Ces observations de la vie quotidienne sont vraies mais on oublie un facteur décisif… l'entraînement. L'enfant passe un grand nombre d'heures sur ses jeux favoris, parfois plusieurs heures par jour et cet enfant, super-entraîné, a appris lors de parties antérieures que la carte un peu écornée dans le coin supérieur gauche est la girafe et que la carte qui s'enorgueillit d'une belle empreinte de pouce à la confiture de fraise, est l'éléphant. Mais les expériences de laboratoire ou à l'école montrent toutes, depuis un siècle, que plus l'enfant devient grand et meilleure est sa mémoire, les performances les plus importantes sont atteintes par les adolescents et jeunes adultes, **entre 15 et 25 ans**. En revanche, la mémoire peut baisser avec le grand âge.

Cependant pour la mémoire procédurale, l'enfant a peut-être (je dis peut-être car c'est un sujet d'étude encore tout nouveau qu'on ne connaît pas entièrement) des acquisitions plus rapides. Il est d'observation courante, par exemple, que les enfants, plus que les adultes, apprennent mieux l'accent d'une langue étrangère lorsqu'ils sont dans un pays étranger ; l'articulation est sans doute un cas de mémoire procédurale alors que le vocabulaire dépend de la mémoire déclarative.

13. On apprend mieux en dormant

Faux. Apprendre en dormant a pourtant produit un certain engouement à une époque et a été proposé comme « fausse » méthode pédagogique sous le nom d'hypnopédie (de hypno qui signifie en grec sommeil et pédie qui a trait à l'école). Des expériences ont montré qu'une liste de chiffres diffusée à des dormeurs ne laisse aucun souvenir à leur réveil. Tout au contraire, on apprend d'autant mieux qu'on est bien réveillé. Les recherches concernent, sous le nom de **chronopsychologie**, la variation des performances en fonction des moments de la journée, le moment de la sieste étant, comme chacun le sait, le moins bon moment pour apprendre[1]...

En revanche, le sommeil est bon pour consolider des apprentissages de la journée. Les expériences faites sur différents animaux révèlent que pendant certaines périodes du sommeil, où le cerveau est complètement fermé aux informations venues de l'extérieur, il existe une forte activité du cerveau, qui permet des mécanismes biochimiques et biologiques consolidant les souvenirs : probablement en construisant des nouveaux contacts entre neurones. Cette phase, appelée « **sommeil paradoxal** » en raison de l'intense activité du cerveau, est d'ailleurs très longue chez les bébés et dans l'enfance ; elle se réduit, en proportion, chez la personne âgée. Le sommeil paradoxal est d'autant plus nécessaire que les nouveaux apprentissages sont nombreux. Il faut donc préserver le sommeil chez les jeunes alors que certains, lors des « bachotages » font tout le contraire. Apprendre en dormant n'est pas une bonne méthode mais bien dormir, après une journée bien remplie, en est une ! ! !

14. Y a-t-il des substances néfastes pour la mémoire ?

Sans développer ce sujet qui est du ressort du médecin ou du neuropharmacologue, il est utile de donner quelques indications. Tout d'abord, il faut mettre en garde les jeunes contre **l'ennemi numéro 1 de la mémoire, l'alcool**. Ce fléau est connu depuis plus d'un siècle lorsqu'un neurologue russe, Sergueï Korsakoff, observa que des malades alcooliques chroniques ne parvenaient plus à enregistrer de choses nouvelles, provoquant

1. Testu F., *Chronopsychologie et rythmes scolaires*, Paris, Masson, 1991.

ainsi une amnésie grave. On sait maintenant que l'alcool, qui tue les cellules, fait mourir en premier cette structure dont j'ai plusieurs fois parlé : l'hippocampe ; il est un peu l'archiviste de la mémoire en répertoriant les informations nouvelles en mémoire comme un bibliothécaire le ferait de nouveaux livres. Cette amnésie n'est pas totale, puisque les souvenirs antérieurs à la destruction de l'hippocampe subsistent mais quel drame ! Un jeune homme opéré des hippocampes (il y en a deux puisque le cerveau est divisé en deux hémisphères cérébraux) à cause d'une épilepsie grave, est obligé de relire perpétuellement le même journal comme si les informations étaient nouvelles ; ses parents ayant déménagé, il se rend à son ancienne adresse, lorsqu'il s'égare en ville... Une étude menée avec mes collègues médecins avait révélé que des alcooliques de quarante ans (admis à l'hôpital pour une cure de désintoxication) avaient, aux tests de mémoire, les performances de personnes de soixante-dix ans. À notre époque, où beaucoup de jeunes seront centenaires, il faut apprendre la prudence et peut-être commencer à parler d'une « écologie » du cerveau.

Parmi les produits courants, **le tabac** est également nocif pour diverses raisons. Son effet d'accoutumance est lié à la nicotine parce qu'elle ressemble à une molécule naturelle du cerveau qui permet la communication entre les neurones (neurotransmetteurs). De ce fait, la nicotine est un stimulant du cerveau mais la consommation régulière produit un état de dépendance. Mais le principal désagrément contre la mémoire est de réduire le débit sanguin dans le cerveau (en réduisant le volume des vaisseaux sanguins). Alcool plus Tabac, est donc le **cocktail de l'oubli** ! ! !

15. Quels sont les bons aliments pour la mémoire ?

Là encore consultez votre médecin habituel pour plus de renseignements, mais voici quelques informations de base. Le cerveau est une mécanique de précision qui met en jeu un nombre énorme de substances, dont toutes ne sont pas encore connues. Une bonne mémorisation nécessite un cerveau en bon état et les retards intellectuels des enfants des pays pauvres montrent bien les désordres occasionnés par la malnutrition. Au premier rang des substances, **les protéines,** contenues dans la viande, le poisson et les végétaux, sont les briques du cerveau et du corps. Des recherches dans des villages sous-alimentés du Guatemala ont montré une amélioration des acquisitions scolaires chez des enfants nourris avec des aliments contenant des compléments en protéines. C'est pour cette raison que de fortes doses d'antibiotiques (qui bloquent la fabrication des protéines) ralentissent les apprentissages. Les lipides (graisses) sont également nécessaires et assurent l'étanchéité des cellules et l'isolation électrique des neurones ; certes dans nos pays riches, c'est l'excès qui est nuisible plutôt que le manque mais gare aux jeunes filles qui, pour ressembler aux mannequins brindilles, seraient tentées par des régimes draconiens. Même remarque pour les **glucides** (sucres) : l'excès est plutôt la norme dans nos pays, mais le glucose étant le carburant du cerveau (comme des muscles), attention aux régimes trop sévères. La période d'examen, avec des épreuves de parfois plusieurs heures, est une performance physique ; il faut donc s'y préparer en mangeant comme pour une compétition sportive (petit déjeuner copieux, sucres lents...) ; quelques biscuits et une bouteille d'eau peuvent être utiles pendant l'épreuve. On fait moins attention aux vitamines qui sont absolument nécessaire au bon fonctionnement de notre organisme et sans s'en gaver, comme dans certains pays, il est bon de surveiller son alimentation voire de prendre, sous contrôle du médecin, un supplément vitaminique. Ainsi, un des principaux désordres occasionnés sur la mémoire par l'alcool est dû au dérèglement des mécanismes énergétiques de la cellule, liés à la **vitamine B1**, qui de ce fait est indispensable à l'hippocampe. En Australie, c'est le comble : étant données les fortes consommations en bière des jeunes australiens, certains médecins pensent sérieusement à suppléer la bière en vitamine B1. Grave non ?

16. Existe-t-il des médicaments pour la mémoire ?

QI plus, Mémoire Plus... Des publicités vantent des substances vendues dans les supermarchés ou même dans les pharmacies.

Mais attention les sociétés de fabrication ont l'obligation de faire la preuve de l'efficacité des substances auprès d'une agence ministérielle, seulement pour les produits appelés médicaments, pas les autres. Par exemple certains produits présentés dans des rayons diététiques contiennent des lécithines censées améliorer la mémoire mais qui sont naturellement contenues dans les **œufs** et le **chocolat**. D'autres produits sont des stimulants et peuvent présenter des dangers pour l'organisme, par exemple un produit couramment utilisé par les étudiants contient une forte concentration de caféine ; ce produit agit donc contre le sommeil alors que bien dormir est nécessaire à la mémoire. Au total, il ne faut rien prendre qui ne soit dans l'alimentation ordinaire sans le conseil de votre médecin. En revanche, il existe de nombreux médicaments qui ralentissent ou compensent les effets du vieillissement pathologique, mais cette question est du ressort du médecin. Ces médicaments, bénéfiques dans certaines maladies, n'améliorent en rien la mémoire des jeunes. Quand tout marche bien, il ne sert à rien d'en rajouter (comme dans la pub)…

17. Le phosphore est bon pour la mémoire

Faux. L'idée que le phosphore est bon pour la mémoire, provient d'anciennes théories liées à la découverte de l'ADN. L'ADN étant le code de l'hérédité est donc la mémoire de l'espèce. Par analogie, certains chercheurs, dans les années 1970, ont supposé qu'une molécule voisine, l'ARN, pouvait être la mémoire des souvenirs. Or l'ADN comme **l'ARN** contient beaucoup de phosphore, d'où l'idée qu'il faut manger du phosphore (et les aliments qui en contiennent, comme le poisson) pour avoir de la mémoire et le langage courant en a gardé l'expression « phosphorer » pour penser avec vivacité. Cette théorie s'est avérée fausse car ce sont les connexions entre neurones (nécessitant des substances très variées, mais notamment les protéines) qui sont le véritable support de la mémoire. Certains ont phosphoré pour rien ! ! !

18. Le stress est-il bon pour la mémoire ?

Le mot stress a été proposé par le Canadien Hans Selye qui démontra que des événements désagréables produisent des modifications nerveuses et hormonales très intenses aboutissant notamment à la sécrétion d'hormones corticostéroïdes (cortisone) par les glandes surrénales placées au-dessus des reins. Ces hormones corticostéroïdes libèrent de l'énergie, du glucose, mais à partir des muscles, des os et du tissu lymphoïde (qui développe les défenses immunitaires). Le système du stress est donc un système de production d'énergie mais c'est en quelque sorte le **système d'urgence**, de la dernière chance, car il détériore l'organisme. Ainsi a-t-on montré chez le rat que le stress amène une atrophie de l'hippocampe par la lésion de certains neurones spécifiques, servant à enregistrer à long terme, et d'autres chercheurs ont montré les mêmes effets chez des militaires en fonction de la durée de leur vie au combat. On peut donc prévoir que le stress à l'école peut être dangereux. Plusieurs reportages montrent la face cachée d'un élitisme exacerbé qui amène le corps enseignant de certains établissements, certains parents et mêmes certains élèves, à pousser jusqu'à ses dernières limites l'entraînement à apprendre. Cette course à l'élite est très dangereuse et a un coût en terme de santé pour les élèves et la famille : dépression, drogue, agression, anorexie, suicide, comme plusieurs médecins (Françoise Dolto) et psychologues l'ont déjà dénoncé… Le progrès social ne consiste pas à sortir les enfants de la mine pour les entraîner vers l'hôpital !

19. La mémoire est la faculté des imbéciles

Faux. Je crois que c'est Chateaubriand qui a dit que la mémoire est la faculté des imbéciles et beaucoup associent une mémoire prodigieuse à la déficience mentale. Cette croyance part d'une généralisation hâtive à partir de quelques cas. Ainsi Théodule Ribot, le père de la psychologie scientifique en France citait dans son livre *Les Maladies de la mémoire* (1881), un oligophrène (déficient profond) qui avait retenu depuis trente-cinq ans les dates de tous les enterrements de sa paroisse, le nom et l'âge de la personne décédée et le nom de toutes les personnes qui avaient participé à la cérémonie. Ce type d'observation est exact mais correspond à un tout petit nombre de cas chez les déficients mentaux qu'on nomme les « **autistes savants** ». Chez ces individus, tout se passe comme si une grande partie de leur cerveau était dévolue à une seule activité, tel enfant par exemple excellera dans les nombres et sera capable d'apprendre le calendrier perpétuel et des dates tandis que tel autre aura une mémoire visuelle fantastique qui lui permettra de redessiner de mémoire les façades de bâtiments complexes ; mais à côté de ces prouesses, ces enfants ou adultes ont un langage très pauvre et ne parviennent pas à apprendre à lire. À côté de ces phénomènes rarissimes, la grande généralité des enfants déficients est malheureusement que leur mémoire est également déficiente. D'ailleurs les tests mentaux, dit d'intelligence, qui mesurent les capacités mentales, comprennent différentes épreuves de mémoire. Par exemple, le test d'intelligence le plus utilisé et le plus traduit dans le monde comporte onze épreuves et plusieurs d'entre elles mesurent la mémoire à court terme (répéter la plus longue suite de chiffre possible), la mémoire du vocabulaire et la mémoire des connaissances ; le test contient par ailleurs une épreuve de calcul mental qui nécessite la mémoire des tables et par ailleurs une bonne mémoire à court terme. Au total, la déficience est attestée par une performance insuffisante dans plusieurs épreuves dont beaucoup mesurent différentes mémoires.

À l'inverse, les individus brillants se caractérisent par de très bons scores de mémoire et mes recherches ont montré que les élèves de collège ayant les meilleurs résultats sont aussi ceux qui, dans des tests, connaissent le plus de vocabulaire des manuels scolaires. Certaines performances fascinent par leur caractère extraordinaire ; des chefs d'orchestre, comme Toscanini ou Karajan, dirigent de mémoire des partitions aussi complexes que des opéras ou des symphonies. Parce qu'on les côtoie plus fréquemment, on banalise des performances tout aussi extraordinaires, celles de l'historien qui connaît des milliers de dates, du pharmacologue avec ses milliers de composés chimiques, du journaliste sportif, de l'écrivain qui a un vocabulaire de centaines de milliers de mots, de certains acteurs qui peuvent mémoriser des milliers de lignes d'un texte. Et que dire enfin de Rajan, ce professeur d'une université américaine qui a une mémoire vertigineuse pour les chiffres et est inscrit dans le livre des records pour être capable de réciter 30 000 chiffres du nombre *Pi*...

20. Votre mémoire est photographique

Faux. Si l'on se fie à l'idée populaire, nous aurions une « mémoire photographique ». Tel acteur par exemple, répondant à un journaliste, racontait que, sur scène, il « lisait son texte dans sa tête en tournant mentalement les pages ». Tel élève pense « voir » dans sa tête la page de sa leçon, etc.

Cette croyance, relayée parfois par des pédagogues peu au fait des développements scientifiques, est un reste fossile de la théorie des mémoires partielles de la fin du XIXe siècle. Selon cette théorie, il existerait une mémoire associée à nos sens, de sorte qu'il y aurait une mémoire visuelle, une mémoire auditive, une mémoire olfactive, etc. Les recherches scientifiques, depuis les années 1960, ont bien révélé des mémoires sensorielles mais elles sont **éphémères**. La mémoire sensorielle visuelle (appelée « iconique ») ne dure qu'un $^{1}/_{4}$ de seconde, la mémoire auditive 2,5 secondes. De plus, du fait de la structure de la rétine, l'acuité est bonne (10/10) seulement dans une petite zone qui ne peut voir qu'un visage à cinq mètres ou un mot dans un livre. Il est donc impossible de visualiser une page entière d'un manuel ou même quelques lignes comme l'ont prétendu des charlatans !

L'impression de « voir » la page d'un livre vient d'une autre mémoire, la mémoire imagée. Cette mémoire fabrique des images mentales durables mais reconstruites, donc peu fiables. Faites donc le petit exercice suivant pour vous convaincre que nous n'avons pas de mémoire photographique. Fixez pendant cinq secondes la page suivante du livre. Puis en le refermant, essayer en vous représentant visuellement cette page : comptez alors la dixième ligne en partant du haut : vous y êtes... maintenant, comptez le septième mot en partant de la gauche. Vous verrez par vous-même ainsi, que vous êtes incapable de « lire » une soi-disant image « photographique » et qu'elle n'est... qu'une belle **image virtuelle**...

21. Certains ont une mémoire visuelle ou auditive

Faux. Selon la même théorie populaire, certains individus auraient une prédominance d'une mémoire sensorielle ; certains seraient visuels, d'autres auditifs, olfactifs, moteurs, etc. On disait que Balzac était un olfactif, que les peintres étaient des visuels et naturellement que les musiciens étaient des auditifs. Cette théorie est naturellement fausse dans cette forme simpliste et il suffit de se rappeler que Beethoven était sourd lorsqu'il composa ses dernières symphonies pour comprendre que la mémoire est plus abstraite que cela. De même, on croyait que les joueurs d'échecs étaient des visuels mais de nombreuses expériences ont montré que les bons ou grands joueurs n'ont une excellente mémoire que pour des parties réelles d'échecs et non pour des pièces d'un échiquier placées au hasard. Nos mémoires sont plus abstraites. Les mots vus ou lus sont ainsi enregistrés dans une **mémoire lexicale** (*lexi* = mot) qui est la bibliothèque de la carrosserie des mots. Pour le visuel, il existe différentes mémoires, visuelle, visuospatiale et imagée. Il existe même une mémoire spéciale pour les visages.

22. Comment s'explique le « mot sur le bout de la langue » ?

« Zut, comment s'appelle-t-il ? » Il vous est certainement arrivé, notamment après des vacances, de saluer un collègue ou une connaissance et de ne plus vous souvenir de son prénom. De même pour les noms communs, et surtout pour les noms des stars du cinéma et de la chanson, qui nous échappent bien souvent. Ce mot pourtant, on le sait ; d'ailleurs il revient soudainement sans prévenir quelques minutes ou une heure plus tard. On sent qu'on le connaît, qu'il est prêt à sortir, on dit qu'il est « sur le bout de la langue »… Le mystère s'éclaircit dans la conception moderne basée sur l'idée que la mémoire est subdivisée en plusieurs systèmes, appelés « **modules** ». Les mots, en particulier, sont principalement stockés dans deux mémoires, la mémoire lexicale pour la carrosserie (graphisme + phonologie) alors que le sens est stocké dans une mémoire spéciale, la mémoire sémantique (sémantikos = qui signifie). Sachant qu'il existe aussi une mémoire des images et une autre pour les visages, le « mot sur le bout de la langue » provient du fait qu'il y a activation du visage mais que l'accès à la bibliothèque des mots (mémoire lexicale) est indisponible. Souvent c'est parce qu'un mot similaire vient à sa place. Une fois par exemple, cherchant un des deux doubleurs de Starsky et Hutch, le mot « **ba**lad**in** » me venait constamment à l'esprit or le nom de l'acteur était « **Ba**llut**in** » et cherchant le nom de l'actrice des derniers Star Wars (**N**athalie Port**man**), c'était le nom de **N**icole Kid**man** qui s'imposait.

23. Quelle est la meilleure mémoire, celle des mots ou celle des idées ?

Le fait que les mots soient stockés dans plusieurs mémoires explique aussi qu'on ne se rappelle pas la même chose au cours du temps. Ainsi, dans une expérience où l'on fait apprendre un texte, on vérifie la mémoire en faisant comparer des phrases exactes du texte à des phrases transformées. Par exemple, si la personne ne reconnaît plus la phrase originale d'une phrase dont certains mots ont été remplacés par des synonymes (ex. bateau pour voilier), c'est que la personne s'en rappelle le sens (mémoire sémantique) mais non les mots eux-mêmes (mémoire lexicale). Les résultats indiquent que la mémoire des mots exacts n'est plus fiable au-delà d'une semaine mais que les grands thèmes abordés dans le texte sont conservés sur plusieurs mois. La mémoire **sémantique**, des idées, est donc la plus puissante, celle qui stocke les informations sur la plus longue durée. C'est ce qui se passe lorsqu'on raconte un film ou un roman après quelques jours, on ne se souvient généralement que de l'intrigue et des circonstances générales mais non du nom des protagonistes, nommés alors par leur nom d'acteur.

24. On apprend mieux en lisant qu'en écoutant

Vrai. Certaines personnes disent « je suis un visuel » car « j'apprends mieux en lisant qu'en écoutant ». Nous avons vu que c'était plus compliqué puisqu'en réalité notre mémoire sensorielle visuelle (iconique) ne dure qu'un quart de seconde. Cela dit, l'observation que l'on apprend mieux, quasiment deux fois plus, en lisant est tout à fait juste comme le démontrent différentes expériences. La principale raison est liée aux mouvements des yeux dans la lecture. Dans la lecture normale, l'enregistrement des yeux par caméra montre que l'œil s'arrête plus souvent et revient en arrière (régressions). Par exemple, le nombre de régressions double lorsque les mots sont rares ou difficiles. Ces mécanismes de durée allongée du regard ou de retour en arrière ne peuvent évidemment pas avoir lieu lors de l'audition d'un cours oral ou de l'écoute d'une émission radio. Ainsi lorsque la lecture d'un document ne se fait pas sur un livre mais mot par mot (sur un écran d'ordinateur), la lecture est peu efficace ; dans ce cas, les yeux ne peuvent revenir en arrière ni s'arrêter plus longtemps sur des mots difficiles. Voilà donc pourquoi la lecture est supérieure à un cours oral (ou la radio et la télé). Sous des dehors familiers, la lecture est un moyen extraordinaire de « pêche » aux informations, car elle permet une **autorégulation** selon la difficulté du texte. On ne lit pas à la même vitesse *Science et vie* ou *Super Picsou…*

25. Faut-il comprendre ou apprendre par cœur ?

Les deux ! Oui, il faut comprendre pour apprendre et la mémorisation n'en est que meilleure puisque la mémoire sémantique (du sens, des idées) est la plus résistante de nos mémoires. Ainsi, demander de lire un texte, en cherchant des synonymes pour certains mots soulignés, oblige à analyser les mots sur le plan sémantique, c'est-à-dire oblige à comprendre ; cette méthode est très efficace lorsqu'on demande ensuite de rappeler les mots du texte. En revanche, si l'on demande de chercher des fautes d'orthographe (mémoire lexicale), le rappel est alors moins performant. La mémoire, avec analyse sémantique est donc plus performante que la simple analyse lexicale.

Cela dit, la compréhension est basée sur une mémoire abstraite qui ne retiendra donc pas forcément les mots exacts du document mais des synonymes ou des mots plus généraux. De sorte que si, dans la lecture, un mot est peu familier, il est très probable que plus tard, le mot qui viendra lors de l'interrogation de l'élève sera un mot familier plus général, par exemple au lieu de Tyrannosaure, c'est le nom de dinosaure, ou le nom de pharaon au lieu de Ramsès II. Au total, dans la lecture de loisir, on peut se contenter de comprendre tandis que dans le cadre d'une lecture pédagogique ou d'un apprentissage scolaire, il faut **à la fois comprendre** pour construire et enrichir la mémoire sémantique mais **il faut également apprendre par cœur** pour construire et enrichir la mémoire lexicale.

26. La répétition est utile

Vrai. Après avoir été encensée dans les anciennes pratiques pédagogiques, la répétition n'est plus franchement à la mode et elle est volontiers qualifiée d'apprentissage stupide. Et pourtant, la répétition est le mécanisme de base des cellules nerveuses. Comme la mémoire repose en dernier lieu sur des **connexions entre neurones**, la répétition est le mécanisme qui assure la force de ces connexions. Par exemple, dans le célèbre conditionnement de Pavlov, il faut répéter au moins cinquante fois le son du métronome avec la récompense pour que le chien salive lorsqu'il entend le son. Même si la mémoire humaine est beaucoup plus sophistiquée que celle des animaux, la répétition n'en reste pas moins une loi de base. Par exemple, la conduite automobile ou les jeux vidéo nécessitent de longues périodes d'apprentissage. Ainsi, les pilotes d'avions de combat ont la coutume de fêter par une coupe de champagne chaque millier d'heures de vols. Et l'on sait que les champions modernes, comme les joueurs d'échecs s'entraînent de nombreuses heures par jour pendant des années. À quand la coupe de Champomi pour fêter les heures de répétition à l'école ! ! !

27. La répétition est inutile pour le sens

Faux. La répétition prend des allures très variées. Le « par cœur » est la répétition de la mémoire lexicale tandis que la répétition sémantique est plus subtile et se fait par la multiplication des épisodes, méthode que j'ai appelée « **apprentissage multi-épisodique** »[1]. Prenez l'exemple de Sherlock Holmes ; dans une page, vous lirez (et donc vous enregistrez) qu'il a un ami, le Dr Watson, dans un autre paragraphe, qu'il est détective privé, puis plus loin qu'il aime réfléchir en fumant dans son fauteuil, etc. Au fil des pages, différents épisodes vont ajouter une parcelle d'information pour enrichir le personnage et après avoir lu une histoire ou plusieurs, dans la mémoire sémantique, un tissu d'informations va enrichir progressivement le « sens » du personnage. Pourtant vous n'aurez pas eu l'impression de rabâcher car cette fois c'est une répétition d'épisodes qui ne se ressemblent pas ajoutant chacun une parcelle de sens. La lecture, les documentaires télévisés sont autant d'épisodes pour enrichir la mémoire sémantique.

28. Il est mauvais de vocaliser en apprenant

Faux. Que n'a-t'on pas dit du rabâchage, de l'apprentissage « par cœur »...comme un perroquet. De fait, une observation courante semble discréditer cette pratique. Un élève lit à voix haute un texte, il le lit parfaitement, mais si l'on vient à l'interroger ensuite, on s'aperçoit qu'il n'a rien compris... il a lu comme un perroquet. De même, on observe fréquemment que les enfants bougent les lèvres en lisant ; cette vocalisation silencieuse, les chercheurs l'appellent « **subvocalisation** ». En réalité, la subvocalisation est permanente soit dans la lecture, soit au cours de la mémorisation, y compris chez l'adulte. À quoi sert-elle ? Est-ce le reste d'une vieille habitude de lire à voix haute à l'école et qui, dès lors, ne sert plus à rien ou est-ce un mécanisme utile à la mémorisation ? De nombreuses études

1. *Mémoire et réussite scolaire*, Dunod, 1997, 3e édition.

ont montré que si l'on supprime la subvocalisation lors de la mémorisation d'un texte (lu ou entendu), en faisant répéter sans arrêt « lalalalalala... », on s'aperçoit que le rappel des mots ou les réponses à des questions sur le texte diminuent d'environ quarante pour cent. D'autres recherches ont montré que la subvocalisation avait même plusieurs rôles bénéfiques. Cette efficacité réside dans le fait que la répétition sert de véritable mémoire auxiliaire ; sans vous en rendre compte c'est de cet « aide-mémoire » dont vous vous servez lorsqu'on vous donne un numéro de téléphone ou un jour de rendez-vous... vous le subvocalisez le temps de trouver de quoi écrire. De plus, cette mémoire auxiliaire garde les mots d'une phrase le temps de son interprétation en mémoire sémantique. Par exemple, si je lis la phrase « la pêche est vraiment bonne, quoique moins sucrée par rapport à celle que j'ai mangée hier ». Il faut avancer dans la phrase pour comprendre par les mots « sucrée » et « mangée » que la pêche dont il s'agit est le fruit et non la pêche à la ligne.

29. Apprendre en écoutant de la musique ou la télé aide à se concentrer

Faux. Une réflexion courante des jeunes est de dire qu'apprendre leur leçon ou leur cours en écoutant leur radio préférée les aide à se concentrer. Çà n'est pas vraiment le cas, bien au contraire. Des expériences ont commencé pour étudier les effets du bruit sur la mémoire. Les bruits simples, bruit de la circulation ou bruit de l'aspirateur, ne gênent pas la mémorisation. De même, pour la musique pure, musique classique ou jazz. En revanche dès qu'il y a des paroles comme c'est le cas dans les chansons, il y a une baisse de l'efficacité de la mémorisation pouvant atteindre 40 %. Cette baisse d'efficacité est due à une **concurrence** dans la mémoire lexicale (et sémantique). Les mots lus dans le cours sont analysés dans la mémoire lexicale mais les mots entendus dans la chanson sont également analysés dans la même mémoire lexicale. Cette mémoire faisant double travail, elle perd en efficacité comme lorsqu'on fait deux choses en même temps : il ne faut pas chasser deux lièvres à la fois.

30. Les images aident la mémoire

Vrai. Le rôle des images dans la mémoire est une question très ancienne puisque, dans l'Antiquité, on apprenait beaucoup en faisant des images mentales. Descartes quant à lui trouvait que cela était bon pour les charlatans. Or, le développement des médias basés sur l'image, le cinéma, la télé, la bande dessinée, et maintenant le multimédia, a amené les chercheurs à se pencher sérieusement sur la question. Pour les images familières, un chat, une tulipe, une horloge, il est plus efficace d'apprendre sous forme d'images que sous forme de mots. Mais attention, notre **mémoire imagée** contient des images « fabriquées » et non de véritables photographies. Ainsi, la présentation d'images complexes, des bandes dessinées aux schémas des manuels scolaires est difficile et nécessite, là encore, des répétitions.

31. Pourquoi l'image est-elle efficace ?

La raison n'est pas si simple et les recherches sur cette question ont amené une découverte inattendue qui permet des conseils pédagogiques importants. Même si l'image est celle d'un objet (ou animal) connu, comme table, abeille, etc., la vitesse de présentation est décisive. Ainsi à la vitesse usuelle d'une ou deux secondes par image, les images familières sont mieux rappelées que les mots, mais ce n'est plus le cas en dessous de la vitesse d'une demi-seconde par image. Dans ce dernier cas, les images sont rappelées à égalité avec des mots équivalents. Pourquoi ? Certains chercheurs se sont aperçus que les images familières étaient verbalisées mentalement. En fait nous transformons automatiquement les images en mots sans le savoir. Ce mécanisme, aboutissant à la verbalisation des images, a été appelé par les chercheurs « **double codage** », il y a un codage imagé et un codage verbal. Néanmoins, ce double traitement prend du temps. Par conséquent pour que l'image soit efficace (pensez à la télévision), il faut une allure de croisière. Lorsque les images sont accélérées, rien ne va plus ! Ainsi, lorsque le TGV est lancé à 250 ou 300 Kilomètres/heure, on ne peut plus lire les panneaux, la vitesse est trop grande pour nos mécanismes psychologiques.

32. Les illustrations d'un manuel aident l'apprentissage

Vrai. C'est vrai à une condition liée au mécanisme du **double codage**. Car en somme, si l'image est efficace, c'est grâce au mot. C'est parce que l'image est verbalisée : par exemple, on se dit à propos d'une image « c'est un ours ». La conclusion pratique est que l'image doit être verbalisable pour être efficace. Ainsi s'explique le fait que seules les images familières sont efficaces, les images complexes ou ambiguës ne le sont plus ; pensez à ce que seraient les panneaux de la route sans leur signification. Or à l'école, ou au collège, où l'élève est là pour apprendre, la plupart des images sont précisément non-familières voire complexes ; ce sont des photographies de cellules en biologie, des coupes de terrain ou de roche en géologie, des cartes en géographie, des photos ou des frises chronologiques en histoire. Ces images nécessitent donc des mots, ce sont les légendes, de même que les bandes dessinées ont leur propre codage… les bulles !

33. La lecture est meilleure que la télévision

Vrai. À notre époque d'explosion des médias technologiques, en particulier la télévision, mais de plus en plus le multimédia, on a tendance à penser que le média le plus moderne est le plus efficace. La télévision pourrait ainsi détrôner la lecture comme média plus efficace. Pourtant, les premiers résultats comparant lecture et télévision rendent perplexes ; c'est la lecture qui, de loin, est la plus efficiente. Ainsi dans une expérience menée au collège et comparant des documents télévisés à leur transcription en petits livrets, la lecture est trois fois plus efficace que la télévision d'après les questions que l'on pose aux élèves. Étonnant, n'est-ce pas ?

Deux principales raisons expliquent l'infériorité de la télévision. La première est liée au fait que la lecture est un mode d'enregistrement **autorégulé** ; les yeux se posent plus longtemps (jusqu'à quatre fois plus) sur les mots complexes ou non familiers. Ce temps de pause plus long permet l'analyse des mots compliqués. À l'inverse, la bande son de la télévision court irrémédiablement à la même vitesse et si un passage du documentaire va trop vite, il est trop tard ! Deuxièmement, la lecture est un peu supérieure à l'oral pour les mots inconnus car il est plus facile de prononcer un mot lu (prenez l'exemple de Toutankhamon) que de deviner l'**orthographe** d'un mot entendu. Or, à la télévision, les mots sont entendus, comme à la radio et les mots complexes sont plus difficiles à apprendre. Vive les sous-titres ! ! !

34. L'humour facilite l'apprentissage

Faux. L'humour améliore-t-il l'apprentissage ? On pourrait le croire et l'on voit fleurir des livres et surtout des documents télévisés où des petits personnages se promènent dans les cellules ou dans les molécules, pour amuser les enfants et ainsi peut-être les aider à apprendre. Peu d'études ont été faites sur ce thème mais les premiers résultats sont assez décevants. Non seulement les images humoristiques ne facilitent pas la mémorisation mais en plus, elles semblent gêner ! ! ! L'explication pourrait résider dans le fait que la mémoire n'est pas élastique. Donc les détails qui permettent l'humour, soit ajoutent des images non pertinentes, petits personnages par exemple, soit du texte supplémentaire qui **surcharge** la mémoire. Enfin, dans certains cas, l'addition de certains détails peut être en **contradiction** avec le thème du document ; par exemple, les humains sont constitués de cellules et non l'inverse : il peut donc être troublant pour l'enfant de voir des petits bonhommes évoluer entre les cellules ou à l'intérieur de celles-ci. Voilà pourquoi les manuels scolaires sont assez sérieux dans l'ensemble : humour ou pas, pour apprendre, il ne faut pas compliquer les choses ! ! !

35. J'oublie parfois ce que je venais faire dans une pièce. Est-ce normal ?

Oui. Je vais dans la pièce d'à côté chercher un livre. Dring ! ! ! Coup de téléphone, je réponds et c'est le trou noir. Que venais-je faire dans cette pièce ? Pas de panique, tout est normal, c'est la **mémoire à court terme**. C'est en effet une découverte très récente (sachant qu'on connaît la mémoire depuis l'Antiquité) que d'avoir mis en évidence une mémoire spéciale qui ne dure que quelques secondes, 5 à 30 secondes. Par exemple, une liste de 15 mots familiers (bateau, horloge, citron, etc.) doit être mémorisée et des jeunes de 20 ans n'en rappelleront qu'environ 7, c'est la capacité de la mémoire à court terme. Mais si on empêche le rappel immédiat en faisant faire autre chose pendant 30 secondes (parler, calculer…), le rappel ne sera plus que de 50 %, c'est-à-dire seulement trois ou quatre mots. C'est l'oubli à court terme. Pour une seule information (ce que je viens faire dans une pièce), l'oubli peut donc être total… C'était quoi la question déjà ? ? ?

36. La mémoire est élastique

Faux. Bien souvent, on a l'impression que de nombreux enseignants ou les concepteurs des programmes pensent que la mémoire est élastique. C'est un hommage rendu à la mémoire car elle est tellement puissante qu'elle peut donner l'impression d'être élastique. Mais ce n'est pas le cas. Il faut cependant distinguer deux grands types de mémoire : une mémoire à court terme et une mémoire à long terme.

La mémoire à long terme correspond à la mémoire au sens courant du terme, c'est celle qui permet aux élèves d'apprendre durablement les cours, c'est également celle qui nous permet de retenir les visages de nos proches, les mots du vocabulaire, les visages et les noms des acteurs, hommes politiques et journalistes, etc. Cette mémoire n'est pas élastique mais elle a une grande capacité en moyenne, plusieurs milliers de mots de vocabulaire comme nous le verrons dans une prochaine question, plusieurs milliers d'images et de visages, etc. En revanche, les recherches modernes ont mis en évidence une mémoire à court terme (question précédente) dotée d'un fonctionnement bien différent. En effet, cette mémoire ne dure que quelques instants (de 5 à 30 secondes) et a été qualifiée pour cette raison de mémoire « à court terme ». Par ailleurs, la mémoire à court terme a une **capacité très limitée** de sept unités. Un grand chercheur de la mémoire a même qualifié, avec humour, ce chiffre 7 de magique, faisant ainsi le rapprochement avec ce chiffre si présent dans notre culture : les sept jours de la semaine, les sept merveilles du Monde, les bottes de sept lieux... Et l'on pourrait continuer sa liste avec les sept notes de musique, les sept nains de Blanche Neige. Et si James Bond ne s'était appelé que 003, peut-être n'aurait-il pas connu un tel succès !

37. Comment fait-on pour apprendre avec une mémoire à court terme limitée ?

Si la mémoire à court terme n'est pas élastique, les unités qu'elle contient paraissent l'être. En effet, la mémoire à court terme est capable de mémoriser sept mots familiers, « lapin, horloge, cerise... », mais elle est tout aussi capable de retenir sept phrases, du moment que celles-ci soient très familières, par exemple « le jardinier arrose les jolies fleurs » ; des chercheurs ont même montré la capacité de rappeler sept proverbes, à condition que ceux-ci soient bien connus au préalable. Pour comprendre ce paradoxe, on peut considérer la mémoire à court terme comme le **fichier** d'une bibliothèque ; le fichier comporte des fiches mais la fiche du livre ne comporte que le nom du livre et sa référence ; chaque fiche a la même épaisseur, que le livre comporte cent pages ou qu'il soit un gros dictionnaire de 6 000 pages. En revanche, imaginez avec cette analogie de la bibliothèque, qu'un livre soit mal relié et que ses feuillets soit éparpillés, la référence de la fiche ne vous conduirait qu'à une partie des informations. C'est ce qui se passe dans la mémoire : regardez cette séquence de lettres « M F G X W L T », il y a sept lettres qui occupent la totalité de votre mémoire à court terme, car les lettres sont comme des feuillets séparés. À l'inverse si je vous présente la séquence « R O S E D E S V E N T S », elle est composée de douze lettres et pourtant, les lettres ne débordent pas de la mémoire à court terme ; elles sont soudées en un mot qui est déjà bien installé dans la mémoire à long terme comme un livre bien relié. Le mot tout entier n'est donc représenté que par un petit indice en mémoire à court terme et il reste six places pour mettre les six indices correspondant à d'autres mots connus quelle que soit leur longueur. Une phrase familière, un proverbe connu, ne sont ainsi référencés que par un petit indice en mémoire à court terme. La capacité de la mémoire à court terme dépend donc étroitement de la familiarité des souvenirs. Par exemple, si des élèves de collège ont une capacité normale pour des mots ordinaires, la capacité tombe de moitié pour des mots techniques non familiers, extraits des manuels scolaires, comme Julianus, Xénophon, mycélium…

38. À quoi sert la mémoire à court terme ?

À quoi peut bien servir une mémoire aussi limitée, sept cases, que la mémoire à court terme, que nous avons découverte dans la précédente question ? En fait, son rôle est central car elle est une sorte de tableau noir et permet d'assembler de nouvelles choses. C'est ainsi que la mémoire à court terme permet le calcul mental, si bien que, pour souligner ce rôle, certains chercheurs l'appellent « **mémoire de travail** ». La mémoire à court terme ou mémoire de travail est également indispensable dans la compréhension au cours de la lecture. Lorsqu'un élève lit la phrase, « le disque a été mal positionné et l'athlète a raté son lancer » ; c'est seulement vers la fin de la phrase, grâce aux mots « athlète » et « lancer » que le lecteur peut comprendre que le disque ne concerne pas la musique mais l'épreuve olympique. Mais pour le comprendre, il a fallu que le mot « disque » soit encore en mémoire à cour terme, au moment de lire la fin de la phrase. Voici pourquoi, une phrase longue est en général difficile à comprendre et pourquoi le jeune enfant s'y reprendra à plusieurs fois. La capacité limitée de la mémoire à court terme impose de faire des phrases courtes pour être compréhensibles. C'est sans doute pour cette raison que les plaisanteries les plus courtes sont les meilleures ! ! !

39. Structurer un manuel ou un cours est efficace

Vrai. Puisque la mémoire (à court terme) a une capacité limitée, comment diable fait-on pour apprendre ? Vous allez le comprendre en imaginant que vous devez apprendre une longue liste de lettres : « I L N E F A U T J A M A I S V E N D R E L A P E A U D E L O U R S A V A N T D E L A V O I R T U E ». Ces suites de lettres dépassent nettement la capacité de la mémoire à court terme. Mais seulement tant qu'elles apparaissent comme des lettres individuelles, séparées les unes des autres. En regardant attentivement, vous découvrirez que les lettres peuvent être reliées (comme les pages d'un livre) pour former des groupes significatifs, des mots : tenez, je vous aide en mettant en caractères gras un mot sur deux : « **I L** N E **F A U T** J A M A I S **V E N D R E** L A **P E A U** D E L **O U R S** A V A N T **D E** L **A V O I R** T U E ». Là où vous n'aviez vu que des suites de lettres, vous découvrez petit à petit des mots et dès lors le proverbe vous saute aux yeux « Il ne faut jamais vendre la peau de l'ours avant de l'avoir tué ». En rappelant, de mémoire, ce simple proverbe, vous rappelez ce qui vous semblait impossible, 49 lettres ; tiens cela fait sept fois sept ; décidément, ce chiffre est vraiment magique ! ! ! De nombreuses recherches ont ainsi montré que tout apprentissage, même l'apprentissage par cœur, consiste à faire des groupes d'informations solides (relier les livres) pour qu'ils prennent moins de place en mémoire à court terme. Ce processus, de groupement d'informations, est appelé l'**organisation**. La pratique pédagogique classique de bien structurer les cours, par chapitres, paragraphes et sous-paragraphes est donc très bonne.

40. Comment apprendre les noms propres ou les mots étrangers ?

Le moteur de l'apprentissage est l'organisation, qui consiste à faire des groupements pour soulager la mémoire à court terme.

Une technique est l'organisation par le langage (appelée aussi « **médiation verbale** ») ou par l'image. Prenons l'exemple du mot « book » en anglais qui signifie « livre ». La difficulté du mot étranger est double puisqu'il faut se rappeler de la prononciation et de la signification. Le procédé est qualifié de double chaîne parce qu'il prend en compte précisément ces deux aspects. Il faut trouver un mot français qui rappelle tout d'abord la prononciation du mot étranger, par exemple « bouc » ; prenant ensuite le mot français qui traduit le mot anglais « livre », il faut unir ces deux mots « bouc » et « livre », par exemple en imaginant un livre dont la couverture représente un bouc. Ce procédé a été expérimenté avec différentes langues, espagnol, russe, serbo-croate, et a fait preuve de son efficacité. Naturellement, comme il conduit à faire des associations et images bizarres, il sera délaissé dans les études avancées où la pratique, l'étymologie, etc., permettront l'apprentissage ; mais en cas d'apprentissage rapide (pour un voyage par exemple), il est intéressant de connaître cette méthode. De la même manière l'organisation ou médiation verbale est très utile pour mémoriser des noms propres difficiles. Par exemple, pour retenir le nom du cinéaste polonais Kieslowski, on peut le décomposer en trois mots connus : *kiss* (« embrasser » en anglais), *love* (« amour » en anglais) et *ski*. Il s'agit du même procédé d'organisation mais cette fois il faut repartir d'unités familières avant de les grouper. En fait, l'apprentissage est toujours progressif : il faut partir d'unités déjà connues, parfois ce sont les mots, parfois les syllabes. Plus on connaît, plus vite on apprend !

41. Votre mémoire est rangée comme une bibliothèque

Vrai. En ce qui concerne la mémoire sémantique (du sens) la mémoire semble rangée comme une bibliothèque. Mais c'est une bibliothèque sophistiquée car deux classements sont disponibles, l'un **catégoriel** et l'autre par associations. Le premier classement est catégoriel – par grands thèmes – les animaux, les plantes, les vêtements. On mesure d'ailleurs facilement ce classement en demandant à un groupe (par exemple cent personnes) de donner tous les mots auxquels ils pensent par catégorie. Puis on relève ces mots en les classant par ordre décroissant de citations. On trouve par exemple que la plupart pensent à chien, chat, cheval, vache, lorsque l'on présente la catégorie « Animal à quatre pattes ». À la catégorie « Fleur », les personnes interrogées pensent en premier lieu à « rose, tulipe », tandis que les écrivains classiques les plus cités sont « Zola, Balzac et Hugo ». Quant aux BD, les plus fréquentes sont « *Tintin*, *Astérix*, *Lucky Luke* et *Boule et Bill* » alors que le hit-parade des chansons enfantines donne, « Au clair de la lune, Frères Jacques, Une souris verte »…

42. La mémoire fonctionne par associations

Vrai. Il existe un autre classement, apparemment plus désordonné, moins logique mais très astucieux puisqu'il correspond aux mots qui sont souvent ensemble dans le langage, comme « table et manger » ou opposés comme « chaud ou froid ». Par exemple, lorsque je dis « abeille » la plupart des gens pensent à « miel » ; « chien et souris » sont évoqués pour chat ; et bien entendu depuis La Fontaine, on pense à « agneau » lorsqu'on parle du « loup ». Ce phénomène est connu depuis longtemps et le grand savant de l'Antiquité Aristote, l'avait déjà remarqué. Au XIXe siècle, on appelait « **associations** d'idées » ce phénomène d'où des expressions qui sont restées dans le langage comme « perdre le fil de ses idées ». En effet, la mémoire peut s'imaginer comme un vaste filet de pêcheur, dans lequel les nœuds sont des mots et les fils relient certains mots entre eux. On pense même que l'influx nerveux se propage de place en place à partir d'un mot et prépare ainsi la conversation en préactivant des mots proches. Par exemple si je discute avec des amis des abeilles, des mots comme « miel, butine, fleur, essaim… » vont être préparés dans la mémoire. À l'inverse, cette préactivation peut nous faire dire des bêtises, comme les enfants aiment bien le provoquer dans certains jeux. Le jeu est bien connu, il faut répéter à toute vitesse, blanc, blanc, blanc, blanc… et on pose la question « Que boit la vache ? » ; la plupart du temps, le camarade se fait piéger en disant « lait » alors que la vache boit de l'eau. L'erreur vient du fait que de donner les mots « blanc » et « vache » ont préactivé « lait » qui est comme un coureur prêt à bondir ; tiens j'ai failli dire prêt à… bouillir !

43. D'où viennent les lapsus ?

Si la mémoire sémantique est classée comme une bibliothèque, notamment par grands thèmes, les mots sont également classés pour leur carrosserie dans la mémoire lexicale. Cette dernière est un peu classée comme le fichier de la bibliothèque par ordre alphabétique mais de façon plus souple, en gros, par la première syllabe et par la rime. Ainsi dans les recherches sur le phénomène du « mot sur le bout de la langue », on pose des définitions correspondant à des mots peu fréquents, qu'il faut trouver ; par exemple, comment s'appelle l'appareil que les navigateurs utilisaient pour se repérer avec les astres (le sextant). Chaque fois que le sujet de l'expérience ne trouve pas le bon mot, on lui demande s'il peut dire la première syllabe ou la rime du mot, et l'on s'aperçoit qu'une bonne proportion des individus avait bien à l'esprit la bonne syllabe et la bonne rime. D'ailleurs assez souvent le mot sur le bout de langue est produit par la compétition avec un autre mot qui lui ressemble. Les lapsus ou erreurs de mots présentent précisément ces erreurs phonétiques entre les mots et si Freud a popularisé l'idée que ces lapsus cachent des mots sexuels censurés, le cas est plutôt rare. Le cas général est une confusion avec un mot phonétiquement proche et plus courant, plus fort donc dans la mémoire de la personne ou de l'élève. Ces **ressemblances phonétiques** causent des déboires aux élèves qui font ainsi des grosses confusions comme d'appeler « dénominator » le dénominateur en le confondant avec le titre du film Terminator, ou de penser que « régicide » est un insecticide…

44. Les enfants apprennent plus vite les mots grossiers

Vrai. Les adultes aussi du reste, comme nous l'avons montré dans une expérience où des étudiants devaient apprendre une liste de mots communs et une liste de mots grossiers ou sexuels, comme « trou du cul ». Ces mots grossiers ou sexuels sont mieux rappelés, contrairement d'ailleurs à l'hypothèse de Freud d'une censure des mots sexuels (mais c'était peut-être vrai en son temps, chez ses malades). La raison en est sans doute que ces mots, étant interdits dans le vocabulaire bienséant, créent une **émotion**. Or les émotions (*cf.* « Les premiers souvenirs sont attachés à des émotions ») déclenchent sur le plan neurobiologique, par l'amygdale, une suractivation de l'hippocampe, la structure qui permet l'enregistrement. Ces émotions s'extériorisent bien dans les rigolades des enfants qui se lancent des « pipi, caca, prout » dès que Maman a le dos tourné. Les plaisanteries des adultes ne volent pas toujours plus haut et beaucoup d'humoristes utilisent le même ressort pour déclencher le rire ! ! !

45. Quelle est la capacité de la mémoire à long terme ?

La capacité de la mémoire à long terme est étonnante, mais pas infinie cependant. Le nombre de mots enregistrés en mémoire est tellement important qu'il est difficile de les estimer. Les études s'y prennent de différentes manières, dont la plus courante est de sélectionner un échantillon de mots (ex. dans le dictionnaire) et on reporte les pourcentages de bonnes définitions sur l'ensemble des mots. Une telle méthode utilisée par des chercheurs de Poitiers a permis d'estimer que les élèves connaissent environ **neuf mille mots à la fin de l'école primaire**. Une autre méthode, que j'ai utilisée, a été de sélectionner les mots à partir des manuels scolaires du collège. À la fin de la sixième, les élèves connaissent et comprennent deux mille cinq cents mots et en fin de troisième, environ quatorze mille...

46. La mémoire n'est jamais surchargée

Faux. Malgré les grandes performances de la mémoire, il ne faut pas abuser et celle-ci n'a pas une capacité infinie car elle est basée sur un cerveau avec des cellules nerveuses et non pas sur un esprit immatériel. Et bien que certains professeurs pensent que « plus on en met, et plus on retient », des expériences montrent que **l'apprentissage est plus lent lorsqu'il y a surcharge**. Par exemple, dans une de nos expériences sur les cartes de géographie, des élèves devaient apprendre, en cinq essais, une carte d'Amérique avec vingt-quatre villes. Dans une classe, la carte n'était pas surchargée tandis que dans les autres classes on ajoutait de deux jusqu'à vingt-quatre noms supplémentaires (noms de pays ou d'états). Bien que les noms supplémentaires ne soient pas à apprendre, l'apprentissage s'est avéré plus difficile pour les cartes surchargées. De plus, on observe, dans les cartes surchargées, que certains élèves « décrochent » et apprennent de moins en moins bien, ils sont découragés. Non seulement la surcharge est néfaste à l'apprentissage, mais elle est dangereuse pour les élèves en difficulté.

47. Quel est le secret des mémoires prodigieuses ?

Chacun envie les mémoires prodigieuses, du pianiste virtuose, du fort en thème, du joueur d'échecs et l'on aimerait bien percer le mystère de cette mémoire. Pour une part, l'explication des mémoires prodigieuses est de nature biologique. Nous ne sommes pas de purs esprits et la mémoire est basée sur le cerveau. Certaines prouesses sont donc liées au **substrat biologique**. Champollion, qui a déchiffré les hiéroglyphes, connaissait de nombreuses langues ; certains joueurs d'échecs sont capables de jouer plusieurs parties en même temps à l'aveugle, c'est-à-dire sans regarder les échiquiers (on leur dicte les emplacements). Arrêtons-nous quelques instants sur un cas extraordinaire étudié par des chercheurs, celui d'un jeune étudiant américain, maintenant professeur dans une université américaine. Rajan Mahadevan a été inscrit dans le livre des records dans les années quatre-vingt pour être capable de réciter 31 811 décimales du chiffre Pi. Sa mémoire des chiffres est absolument extraordinaire ; par exemple dans une université où il participa à une étude, il regarda pendant trois minutes un tableau de cinq rangées de dix chiffres, soit 50 chiffres et fut capable de le réciter ligne par ligne, ou colonne par colonne, ou par parties. Plusieurs mois après, il le rappelait encore. En revanche pour des informations autres que des chiffres, mots ou figures spatiales, il ne montre pas de supériorité par rapport à d'autres sujets. Remarquant lors d'une visite de Rajan que celui-ci ne se rappelait plus la topographie de leurs bureaux dans leur laboratoire, des chercheurs ont réalisé une expérience avec sa participation sur la mémoire de la position spatiale et de l'orientation. Par rapport à d'autres sujets, Rajan a une performance inférieure d'environ dix pour cent dans la reconnaissance de la position et de l'orientation de ces objets. Les chercheurs pensent donc que les zones de son cerveau dévolues habituellement à la mémoire spatiale des objets (position et orientation) seraient en partie utilisée pour la mémorisation spatiale de chiffres. Des performances extraordinaires sont donc vraisemblablement dues à des différences neurobiologiques.

48. Il existe des pertes partielles de mémoire

Vrai. La mémoire n'est pas la faculté d'un pur esprit mais repose sur le fonctionnement du cerveau. En résumé (consultez un livre de neurologie) la mémoire est répartie dans des parties du cortex, un manteau de 5 millimètres d'épaisseur qui recouvre le cerveau mais qui contient vingt milliards de neurones. Le cortex est spécialisé dans certaines zones. Ainsi, une lésion (accident de la route, accident vasculaire, tumeur) dans une région peut causer une **amnésie sélective** (perte de mémoire spécialisée). Par exemple, une lésion dans la partie temporale droite va causer une aphasie, perte de la mémoire du langage articulé. Une lésion occipitale (en arrière du cerveau) va causer des amnésies visuelles ou imagées. Une lésion dans l'hémisphère gauche pourra causer une propopagnosie (du grec prosopon = visage), c'est-à-dire une amnésie des visages. Certaines amnésies sont très spécialisées, par exemple, perte des noms propres (aphasie nominale), perte de la reconnaissance des lettres (alexie). Enfin, une lésion dans le cortex frontal va diminuer les capacités de la mémoire à court terme…

49. Pourquoi la maladie d'Alzheimer affecte-t-elle la mémoire ?

Parmi les structures du cerveau qui sont importantes pour la mémoire, l'une d'elle (située au niveau temporal à l'intérieur du cerveau) est appelée hippocampe, en raison de sa ressemblance de forme avec le poisson à tête de cheval (*hippo* en grec = cheval). Or la maladie d'Alzheimer, découverte par le médecin allemand Aloïs Alzheimer sur une de ses patientes en 1906, se caractérise (entre autres)[1] par une **destruction de l'hippocampe**. L'hippocampe étant responsable de l'enregistrement des souvenirs nouveaux, le malade enregistre de moins en moins pour ne plus se souvenir que du passé et du présent immédiat. Cependant, la maladie, étant causée par des mécanismes moléculaires, va s'étendre à d'autres zones du cerveau, amenant d'autres déficiences, langage, comportement…

50. La mémoire régresse avec l'âge

Faux. Dès la fin du XIXe siècle, Théodule Ribot s'intéressait aux maladies de la mémoire. Il avait cru remarquer chez des amnésiques que ceux-ci n'évoquaient plus que les événements anciens. Cette observation le conduisit à énoncer la loi de la régression, selon laquelle avec l'âge, la mémoire régresse. Cette loi célèbre n'est pas tout à fait exacte et surtout s'est trouvée exagérée dans la conception populaire où l'idée s'est appliquée à tort au vieillissement normal. En réalité, cette loi ne concerne que le vieillissement pathologique, par exemple dans la maladie d'Alzheimer et dans l'alcoolisme. Au fur et à mesure de la destruction de l'hippocampe (question précédente), la personne enregistre de moins en moins de souvenirs récents et ne rappelle plus, progressivement, que les souvenirs antérieurs à sa maladie. Ainsi ce qui passe pour une régression n'est qu'une diminution progressive des enregistrements. La personne rappelle donc de

1. Voir par exemple Haw *et al.*, *La maladie d'Alzheimer*, Éditions John Libbey Eurotext.

plus en plus de souvenirs antérieurs à la maladie, mais ce ne sont pas forcément des souvenirs de son enfance comme dans l'exagération populaire ; ces souvenirs peuvent dater d'événements pas très éloignés de sa maladie, une naissance, un déménagement, un voyage. Quant aux personnes qui vieillissent en bonne santé, **les souvenirs récents sont aussi présents** que les souvenirs très anciens.

51. Pourquoi oublions-nous ?

À côté des mécanismes biologiques de l'oubli (questions précédentes), il existe de nombreux mécanismes psychologiques de l'oubli. Un de ces mécanismes pernicieux est l'oubli par interférences. La première mesure de l'oubli date des expériences de l'Allemand Ebbinghaus en 1885. Ebbinghaus avait une méthode bien particulière. Il apprenait lui-même des listes de syllabes, puis mettant chaque liste dans une enveloppe, il les réapprenait à une date donnée, soit une heure après, un jour, une semaine et ainsi jusqu'à un mois plus tard. Il s'aperçut ainsi que l'oubli était très rapide, de 50 % au bout d'une heure à 80 % au bout d'un mois. Affreux ! ! ! Et pourtant, cela reflète bien ce qui se passe dans la vie courante, notamment la vie scolaire où les élèves oublient à grande vitesse. L'explication vint d'un chercheur qui faisait apprendre des listes de syllabes à ses étudiants, mais il ne trouvait pas les mêmes résultats. Ainsi le rappel d'une liste après vingt-quatre heures montrait un oubli de 15 % alors qu'Ebbinghaus après le même temps avait oublié 65 %. Ebbinghaus n'avait-il pas de mémoire ? C'était peu vraisemblable, puisque pour ses expériences, il apprit des milliers de syllabes sans signification. Mais c'est précisément l'apprentissage de milliers de syllabes qui était la cause de son oubli comme ce chercheur le montra ; il donna des quantités variables de listes à apprendre et il s'aperçut que plus les sujets apprenaient de listes et plus vite ils les oubliaient. Pour expliquer cet oubli, les chercheurs utilisèrent un phénomène physique, les **interférences** : vous savez, lorsqu'on jette deux cailloux dans l'eau, les cercles concentriques s'élargissent et lorsqu'ils se rencontrent, cela fait des formes complexes, les interférences. Quand plusieurs choses semblables sont mémorisées, leurs souvenirs interfèrent. Par exemple, j'apprends un numéro de téléphone dans lequel se trouve 34 alors que l'immatriculation de ma voiture est 43 ; le risque est grand de rappeler 43 en faisant le numéro de téléphone ; et ainsi de suite avec des visages, des dates à l'école, les chiffres en Francs ou en Euros…

52. Pourquoi certains souvenirs se mélangent-ils ?

Ce phénomène est dû à un aspect de la mémoire appelé « **mémoire épisodique** ». Chaque fois que l'on apprend quelque chose, par exemple lorsque je vois un requin dans un documentaire télévisé, que j'entends ce mot dans la conversation, que je le lis dans une revue, chaque événement est enregistré en mémoire de manière individualisée comme un épisode. Ce mot d'épisode a été choisi par un chercheur canadien sans doute en référence aux feuilletons télévisés. Chaque épisode met en scène les mêmes (ou presque) protagonistes, mais chaque épisode diffère d'un autre par une combinaison particulière ; mais après un certain nombre d'épisodes, notre mémoire les fusionne et l'on ne se rappelle plus que des caractères généraux des personnages et des lieux, par exemple de John Steed et d'Emma dans la série *Chapeau melon et bottes de cuir*, sans se rappeler avec précision tel ou tel épisode. D'ailleurs, lors d'une interview télévisée[1], l'actrice Diana Rigg qui joue Emma fut bien embarrassée lorsque le journaliste lui posa la question « Quel est votre épisode préféré ? » : « Je ne l'ai pas vu depuis si longtemps. Pour moi, c'est comme s'ils étaient fondus en un épisode unique. Parmi les plus anciens, je me souviens bien des "cybernautes" . C'était un des touts premiers, j'avais le trac, c'est pourquoi je m'en souviens. Pour le reste, il faut savoir qu'on faisait un épisode tous les dix jours et même les scénarios étaient parfaits. Ils

1. Interview de Diana Rigg, émission *Continentales* de FR3 du 11 août 1992.

avaient un moule, c'est donc difficile de faire ressortir un épisode précis. »

La vie est un grand feuilleton et notre mémoire fusionne les épisodes pour extraire des abstractions génériques que sont les mots, les visages de nos proches, les lieux qui nous sont familiers. Ce mécanisme de la mémoire épisodique explique bien l'oubli des événements répétitifs de la vie courante, comme ceux de fermer la porte à clé, d'éteindre la lumière, etc., car ils sont très fréquents et leurs épisodes se mélangent facilement entre eux en mémoire comme chez l'actrice de Chapeau melon et bottes de cuir.

53. Pourquoi les souvenirs enfantins sont-ils oubliés ?

En effet, lorsqu'on observe la mémoire au jour le jour, les enfants, même petits, peuvent se rappeler d'une visite au zoo, ou des courses au supermarché, du dessin animé qu'ils ont vu la veille. Ils reconnaissent très tôt leurs parents et même leur mère quarante-huit heures après la naissance[1]. Progressivement, les enfants reconnaissent les membres de la famille, les lieux qui les entourent, leurs jouets et leurs peluches, leurs livres et cassettes ou DVD. Ils connaissent aussi les pièces de la maison, les maisons de la famille ou des amis, les magasins, des chansons et des émissions de télévision ainsi que leurs animaux familiers. Enfin, bien qu'on n'y pense pas, les enfants ont stocké les milliers de mots du langage, qu'il faut bien mémoriser pour les reconnaître et utiliser. Alors, pourquoi un jeune enfant se rappelle ces souvenirs au jour le jour mais pas lorsqu'il est devenu adulte. C'est à nouveau la mémoire épisodique qui en est à l'origine. Chez l'enfant, chaque épisode de la vie, le visage de ses parents, les courses dans les magasins, les jeux dans sa chambre… vont se mélanger de si belle manière qu'il n'y aura plus qu'un **souvenir générique** comme le visage de ses parents et les images des objets familiers, table, chaise, etc., que l'on

1. Roger Lécuyer, *L'intelligence des bébés en 40 questions*, Dunod, 1996.

n'a pas l'habitude d'appeler souvenir d'enfance et qui pourtant sont les premières bases de notre mémoire.

54. Certains souvenirs ne sont pas effacés puisqu'ils reviennent

Vrai. Si l'oubli par interférence existe bien, beaucoup d'oublis sont d'une autre nature et c'est le fonctionnement des ordinateurs qui en donna la solution. D'ailleurs le fonctionnement de la bibliothèque est le même. Imaginons un bibliothécaire farfelu qui ne fait des fiches que lorsque l'envie lui en prend et, ce jour-là, il n'a pas fait de fiche pour un livre sur les abeilles. Si un lecteur cherche précisément un ouvrage sur les abeilles, il en conclura qu'il n'y en a pas. À tort, ce livre est bien là, mais où ?

Eh bien, notre mémoire fonctionne comme une bibliothèque avec un assez bon archiviste. Les mots, les images, les visages, les souvenirs, sont assez bien rangés mais notre mémoire est tellement immense que des souvenirs sont irrécupérables sans leur adresse. Dans la mémoire, ces adresses sont appelées « **indices de récupération** » et c'est un chercheur canadien qui montra leur efficacité en donnant à mémoriser des listes de mots par catégories. Par exemple quatre animaux, quatre fleurs, quatre pays, etc. Dans un groupe, où le rappel est sans aide, sur une feuille blanche, les sujets rappellent un peu moins de la moitié des mots. Dans un autre groupe, on présente une feuille avec le nom des catégories, « animaux, fleurs, pays... », ces noms aident considérablement puisque trois-quarts des mots sont rappelés. Les noms de catégorie ont fonctionné comme les adresses, la référence des fiches de la bibliothèque, en aidant à retrouver les mots enregistrés en mémoire comme des livres dans leurs rayonnages. Nombreux sont les indices de récupération. Les noms de catégories, les titres d'un livre ou d'un cours, sont des indices sémantiques. Les initiales ou les premières syllabes, ou encore les rimes sont des indices pour la mémoire lexicale. Les images sont aussi d'excellents indices et l'album de famille ou les photos de voyage nous permettent usuellement de nous remémorer les invités de telle ou telle fête ou encore de nous rappeler les épisodes d'un voyage.

55. Vos souvenirs du collège sont trop loin, ils sont effacés

Faux. Une belle expérience américaine a été réalisée sur le souvenir des noms et des visages des camarades de lycée. D'après les photos de classe et les archives d'un collège, les chercheurs ont retrouvé des anciens lycéens après des temps variables, de trois mois jusqu'à cinquante ans plus tard, les gens ayant vieilli d'autant naturellement. Les résultats sont extraordinaires et montrent bien que les expériences de laboratoire ne sont pas artificielles et reflètent bien les mêmes mécanismes en action dans la vie courante. Si l'on demande, sans donner d'aide, les noms de leurs camarades de lycées, les personnes qui ont quitté l'établissement depuis trois mois ne donnent que quinze pour cent des noms ; mais si on leur donne les photos, alors les trois quarts des noms leur reviennent. Cinquante ans plus tard, le rappel sans aide est inférieur à dix pour cent mais quarante pour cent des noms reviennent encore à la vue des photographies des anciens camarades. Les autres noms ne sont pas pour autant tous oubliés car si l'on présente des noms de camarades de promotion parmi des noms pièges, la plupart sont reconnus des années plus tard, ce pourcentage étant de 90 % pour baisser à 70 % après cinquante ans (les personnes ont alors près de 70 ans). Les visages sont aussi bien enregistrés puisque les photographies des visages de camarades sont reconnues parmi des photos pièges dans 90 % des cas, et encore avec une proportion de 70 après cinquante ans. Notre mémoire n'oublie pas tant que cela mais comme une bibliothèque immense, il lui faut seulement les **bonnes adresses du passé**...

56. Maman, j'ai raté l'interro mais tout m'est revenu en revoyant le cours !

Vrai. Les élèves et les étudiants ragent très souvent en séchant sur leur copie tandis qu'en revoyant leur cours plus tard, tout ou presque leur revient. Ce phénomène correspond précisément aux rôles des indices dans la mémoire. En effet les expériences révèlent que dans la mémorisation de mots ou d'images, les meilleurs indices sont… ces mots et ces images eux-mêmes. On le vérifie dans la technique de sondage de la mémoire appelée « **reconnaissance** ». Dans le rappel, le sujet doit écrire ce dont il se souvient sur une feuille blanche, alors que dans la reconnaissance, on imprime les mots précédemment appris, mélangés à autant de pièges : la personne doit alors entourer les mots qu'il reconnaît et toute erreur (fausse reconnaissance d'un piège) est comptée par un point négatif ; en fait les jeunes commettent assez peu d'erreurs, et la reconnaissance est très bonne d'environ 70 % pour les mots et de 90 % pour cent pour les images (à condition qu'elles correspondent à des choses familières). Si l'élève a bien appris sa leçon, c'est cette efficacité de la reconnaissance qui va se retrouver lorsqu'il va relire son cours ou le manuel. Mais s'il n'a pas suffisamment su sa leçon au moment de l'interrogation, c'est que la leçon n'était pas suffisamment organisée pour répondre sur la feuille blanche…

57. J'ai souvent un « trou noir » avant l'examen !

Vrai. Comme dans la chanson de Johnny, beaucoup d'élèves pourraient chanter « Noir c'est noir, il n'y a plus d'espoir… » tellement l'impression de « trou noir » s'avère tragique pour l'élève au tableau ou l'étudiant au moment de l'examen. Ce phénomène s'explique encore par les indices de récupération mais aussi par la notion de **mémoire à court terme**, vue dans des questions précédentes. Les mots de la leçon sont rangés dans la mémoire à long terme qui fait office de bibliothèque. Mais la mémoire à court terme n'est pas un fichier permanent comme en bibliothèque, c'est plutôt un tableau noir qui se remplit et s'efface à la demande. Au moment des révisions, la mémoire à court terme contient plein d'indices et d'informations, les noms des dieux égyptiens, des pharaons, quelques dates… Mais avant l'examen, les élèves parlent entre eux, ou pire ont eu d'autres cours, de français, de maths, et les mots de ces leçons ont effacé le tableau noir de la mémoire à court terme pour créer ce fameux « trou noir ». Cependant, si les élèves ont bien appris leur leçon, les questions du professeur deviendront de bons indices qui récupéreront les connaissances de la mémoire à long terme aussi sûrement que « Johnny » a servi d'indice pour vous rappeler « Halliday ». En revanche, pour l'élève qui n'a pas appris suffisamment, les informations ne sont pas en mémoire à long terme, ou de façon trop fragmentaire. Alors, le tableau noir reste noir et il n'y a plus d'espoir…

58. J'ai oublié mais j'ai le « sentiment de connaître »

Vrai. Parfois l'oubli est partiel, on ne se rappelle pas du nom d'un journaliste, ou d'un acteur, l'écolier ne se souvient pas du nom d'un personnage historique, mais on se souvient de choses fragmentaires, que c'est un journaliste, qu'il travaille à la télévision et que ce n'est pas un journaliste de presse, qu'il est sympathique, etc. Ce phénomène de rappel d'informations partielles, appelé « sentiment de connaître » est dû à la nature composite de la mémoire. La mémoire repose sur de nombreux **modules spécialisés**, mémoire des mots, du sens, des images, des visages, si bien que certaines informations peuvent être disponibles dans des mémoires et pas dans une autre, à un moment donné.

59. Quelles sont les bonnes méthodes pour apprendre ?

Ah ! les bonnes méthodes… En réalité, elles sont nombreuses et comme nous avons vu que la mémoire était composée de plusieurs mémoires spécialisées (ou modules), **chaque mémoire a sa bonne méthode** en quelque sorte. À travers ce livre, différentes méthodes ont été présentées, par exemple l'autorépétition augmente de quarante pour cent l'efficacité de la mémorisation, l'imagerie facilite la mémorisation s'il s'agit d'images familières, apprendre dans le silence, etc. Mais les deux méthodes les plus générales me semblent être l'organisation et ce que j'ai appelé l'apprentissage multi-épisodique.

Étant donné la capacité limitée (sept) de la mémoire à court terme, il faut **organiser pour apprendre**, c'est-à-dire regrouper en unités plus grosses l'information que l'on doit apprendre. Au niveau scolaire, cela consiste à reprendre des documents et à construire un plan avec des petits paragraphes bien repérés par des titres explicites, la fiche de lecture. C'est pour cette raison que l'on observe généralement dans la pratique des exposés chez les élèves (ou étudiants), que le dossier profite surtout à ceux qui l'ont fait.

La deuxième méthode, **apprentissage multi-épisodique**, est une nouvelle méthode que j'ai proposée dans un de mes livres[1] et qui part du principe de la mémoire épisodique. L'apprentissage épisodique, c'est présenter un concept, sous les formes les plus variées possibles, et le plus souvent possible. L'école se contente assez souvent d'un cours bien fait mais le cours ne représente que quelques épisodes. Ainsi, dans un manuel ou un cours sur l'Égypte en sixième de collège, le professeur va peut-être utiliser huit fois « pharaon », cela fera huit épisodes, mais il ne citera peut-être qu'une seule fois « Chéops » et ce ne sera pas suffisant. La lecture d'un livre est d'ailleurs un excellent apprentissage multi-épisodique : différents concepts vont être répétés dans des contextes (ici les phrases) très variés. Mais avec les moyens multimédias, il est possible de varier plus encore les contextes d'apprentissage. On peut accompagner le cours du professeur et la lecture du manuel, d'une recherche documentaire, passer des extraits de films, faire construire des dossiers par les élèves, rassembler des photos, utiliser un bon CD-rom. Et l'idéal bien sûr, serait de couronner le tout, si l'école était riche, par une excursion… en Égypte ! ! !

60. Les procédés mnémotechniques sont-ils efficaces ?

Depuis de l'Antiquité, des procédés ou trucs ont été découverts, par hasard, puis par tâtonnement, qui permettent

1. *Mémoire et réussite scolaire*, Dunod, 1997, 3e édition.

d'améliorer la mémoire, on les appelle des procédés ou trucs mnémotechniques. Le plus souvent, ils sont efficaces parce qu'ils jouent le rôle de **plan de récupération**. Le plan de récupération hiérarchique est le plus efficace que l'on connaisse car il correspond au classement de la mémoire sémantique, la plus puissante de nos mémoires. C'est pourquoi, il est très bon qu'un cours, qu'un manuel scolaire, soit présenté avec des titres et des sous-titres. Un procédé mnémotechnique bien connu est la « phrase clé » qui consiste cette fois en une organisation d'indices lexicaux. Par exemple, « me voici tout mouillé, je suis un nageur pressé » permet de se rappeler l'ordre des planètes de notre système solaire, « me = Mercure, voici = Vénus, tout = Terre, mouillé = Mars, je = Jupiter, suis = Saturne, un = Uranus, nageur = Neptune, pressé = Pluton ». Mais ces procédés phonétiques ne sont que des aides ponctuelles, par exemple pour donner des éléments dans le bon ordre.

61. Un schéma vaut mieux qu'un long discours !

Vrai. C'est tout à fait exact, et il faut bien considérer qu'un schéma n'est pas une simple image. Différentes études montrent que le schéma est une **organisation imagée** d'indices pour récupérer les informations. Le meilleur exemple est la carte de géographie. Dans une expérience de notre laboratoire, nous avons fait passer à deux groupes d'étudiants un documentaire télévisé sur les Sources du Nil. L'origine du Nil resta longtemps un mystère par le fait qu'il a pour source un dédale complexe de plusieurs lacs qui se joignent entre eux par des rivières différentes. Dans un groupe, le reportage se termine par une carte synthétisant ces lacs et ces rivières tandis que pour un groupe sans schéma, on coupe le documentaire avant l'apparition de la carte. L'apprentissage en trois essais, suivis de rappel, indique que seul le groupe qui apprend avec un schéma arrive à dégager du documentaire des idées structurées, les autres mélangent les lacs et les rivières sans arriver à structurer ce dédale. Le schéma sert donc de plan de récupération en mettant de l'ordre dans un document trop riche en informations. Mais attention, comme notre mémoire n'est pas photographique, ce schéma doit être construit, dessiné plusieurs fois, jusqu'à la maîtrise des différents éléments.

62. Quels sont les trucs pour apprendre les numéros ?

Depuis les années 1980, pour la presse, et maintenant sur Internet, des publicités vantent telle méthode pour mémoriser, sans difficulté et sans don particulier, des numéros, le nombre Pi, les dates des cent rois de France, etc. Attiré comme vous lecteur par ce genre de publicités, j'ai mené ma petite enquête (*cf.* 1re partie) qui a abouti à ce livre. De fil en aiguille, cette enquête m'a mené de la Bibliothèque nationale de Paris à celle du British Museum à Londres et de la bibliothèque de Cambridge à celle de la Sorbonne où le grand Descartes a usé ses bottes après avoir peut-être rencontré des mousquetaires dans le quartier latin. En remontant les siècles, je suis finalement tombé sur les traces d'un mathématicien contemporain de Descartes, un certain Pierre Hérigone, qui dans son *Cours Mathématique*, édité en 1644, observe que les nombres sont plus difficiles à apprendre que les mots et propose une méthode astucieuse, celle de transformer chaque chiffre par une lettre, et ainsi de transformer les nombres en mots. Ce « code » chiffre-lettre a connu différentes transformations racontées dans la première partie du livre. Ce procédé est bien efficace (3e partie), mais il n'est pas infaillible et surtout il nécessite un entraînement important et régulier qui n'est plus nécessaire à notre époque des agendas et calculettes.

Au XIXe siècle, c'était différent et certains ont fait de ce jeu une profession, comme mnémoniste en Music-Hall en apprenant des suites de chiffres donnés par des spectateurs. Je suppose que ce code chiffre-lettre est d'ailleurs l'explication des spectacles de télépathie donnés par des magiciens tels Mir et Miroska. Ce numéro rendu célèbre par Hergé dans *Les Sept boules de cristal*, mettait en scène une médium vêtue comme une hindoue qui devinait les numéros des cartes d'identité de spectateurs pris au hasard. Il est probable que dans les propos, très rapides et parfois peu compréhensibles, du magicien qui tenait en main le document, se trouvaient des mots clés, qui codaient la date de naissance ou le numéro de la carte en question. Par exemple, « Je tiens dans la... **m**ain, **c**e **p**ortefeuille **ch**ic **M**iroska » contient le code de la date de naissance « 3.09.63 »... Madame Miroska, me recevez-vous ! ! !

BIBLIOGRAPHIE

■ *Références anciennes*

ARISTOTE (IVe s. av. J.-C.). « De la mémoire et de la réminiscence », in *Parva Naturalia*, trad. fr. J. Tricot, Paris, Librairie philosophique Vrin, Paris, 1951.

AUDIBERT (1839). *Traité de mnémotechnie générale*, Paris, conservé à la Bibliothèque nationale (Paris).

BRUNO G. (1582). « Ars memoriae », in *De umbris idearum*, Paris, conservé à la Bibliothèque nationale (Paris).

BRUNO G. (1584). *Les Sceaux*, in *Opera latine conscripta*, vol. II, pars. II. ; *Les Ombres*, *ibid.*, vol. II, pars I., Paris, conservé à la Bibliothèque nationale (Paris).

BUFFIER C. (1705-1706). *Pratique de la mémoire*, 2 tomes, Paris, conservé à la Bibliothèque nationale (Paris).

CASTILHO J.F., CASTILHO A.M. (1835). *Traité de mnémotechnie*, Bordeaux, conservé à la Bibliothèque nationale (Paris).

CHAVAUTY, abbé. (1894). *L'Art d'apprendre et de se souvenir*, Paris, conservé à la Bibliothèque nationale (Paris).

COPPE E. (1555) *Des préceptes et moyens de recouvrer, augmenter et contregarder la mémoire*, Lyon, conservé à la British Library, British Museum (Londres).

COURDAVAULT, abbé (1905). *La Mnémotechnie ou l'art d'acquérir facilement une mémoire extraordinaire*, Lille, conservé à la Bibliothèque nationale (Paris).

DEMANGEON J.F. (1841). *Nouvelle Mnémonique*, Paris, conservé à la Bibliothèque nationale (Paris).

DEZOBRY C., BACHELET T. (1857). *Dictionnaire général de biographie et d'histoire*, Paris, Dezobry & Magdeleine Éditeurs.

FEINAIGLE G., de (1806). *Notice sur la mnémonique*, Paris, conservé à la Bibliothèque nationale (Paris).

FULWOOD W. (1563). *The Castle of Memorie*, Londres, conservé à la British Library, British Museum (Londres).

GERMERY R.P. (1911). *La Mémoire*, Avignon, Aubanel Éditeur, conservé à la Bibliothèque Henri-Piéron (Centre de Psychologie, Boulogne-Billancourt).

GRATAROLUS G. (1554). *De memoria reparanda… Basiliae*, conservé à la British Library, British Museum (Londres).

GREY R. (1730, 1re éd.). *Memoria Technica : or a New Method of Artificial Memory*, Londres, 1812, conservé à la Cambridge University Library (Cambridge).

GUYOT-DAUBÈS (1889). *L'Art d'aider la mémoire*, Paris, conservé à la Bibliothèque nationale (Paris).

HÉRIGONE P. (1644). *Cours mathématique*, tome second, Paris, conservé à la bibliothèque de la Sorbonne (Paris).

LE CUIROT A. (1623). *Le Magasin des sciences, ou vray art de la mémoire descouvert par Schenkelius*, Paris, conservé à la Bibliothèque nationale (Paris).

LOISETTE A. (1896). *Assimilative Memory or How to Attend and Never Forget*, New York, conservé à la Bibliothèque nationale (Paris).

MARAFIOTI H. (1604). *L'Art de la mémoire ou plustot de la resouvenance*, Paris, conservé à la Bibliothèque nationale (Paris).

Memoria technica, anonyme de Richard Grey, (1730). London King, Londres, conservé à la Bibliothèque nationale (Paris) et à la Cambridge University Library (Cambridge).

MILLARD J. Cf. *New Art of Memory (the)*.

MIDDLETON A.E. (1888). *Memory Systems, New and Old*, avec une bibliographie de G.S. Fellows, New York, conservé à la British Library, British Museum (Londres).

MOIGNO, abbé (1879). *Manuel de mnémotechnie*, Paris, conservé à la Bibliothèque nationale.

The New Art of Memory, Founded upon the Principles Taught by Gregor von Feinaigle, anonyme attribué à John Millard (1812). Londres, conservé à la Cambridge University Library (Cambridge).

PARIS A. (1825). *Exposition et pratique des procédés de la mnémotechnie*, Paris, conservé à la Bibliothèque nationale (Paris).

PARENT-VOISIN (1847). *Cours méthodique et élémentaire de mnémotechnie*, Paris, conservé à la Bibliothèque nationale (Paris).

PLATON (Ve-IVe s. av. J.-C.). *Phèdre*, in *Le Banquet – Phèdre*, trad. fr. E. Chambry, Paris, Garnier-Flammarion, 1964.

PORTAE I.B. (1602). *Ars reminiscendi*, Neapoli, Paris, conservé à la Bibliothèque nationale (Paris).

QUINTILIEN (Ier s.). *Institution oratoire*, trad. fr. H. Bornecque, Paris, Classiques Garnier.

ROMBERCH DE KYRPSE J. (1533). *Congestorium artifisiose memorie*, conservé à la British Library, British Museum (Londres).

SCHENCKEL L. (et Sommer M.) (1804). *Compendium de mnémotechnique*, Paris, conservé à la Bibliothèque nationale.

Traité complet de mnémotechnie, auteur anonyme (1800). Thomas Naudin, Paris, conservé à la Bibliothèque nationale (Paris).

■ *Références contemporaines*

ATKINSON R.C., RAUGH M.R. (1975). « An application of the mnemonic keyword method acquisition of a russian vocabulary », *Journal of Experimental Psychology : Human Learning and Memory*, *104*, 126-133.

BADDELEY A. (1993). *La Mémoire humaine, théorie et pratique*, Grenoble, PUG.

BAHRICK H.P., BAHRICK P.O., WITTLINGER R.P. (1973). « Fifty years of memory for names and faces : a cross-sectional approach » *Journal of Experimental Psychology : General*, *104*, 54-75.

BOBROW S.A., BOWER G.H. (1969). « Comprehension and recall of sentences », *Journal of Experimental Psychology*, *80*, 455-461.

BOWER G.H., CLARK M.C. (1969). « Narrative stories as mediators for serial learning », *Psychonomic Science*, *14*, 181-182.

BOWER G.H., CLARK M.C., LESGOLD A.M., WINZENZ D. (1969). « Hierarchical retrieval schemes in recall of categorized word lists », *Journal of Verbal Learning and Verbal Behavior*, *8*, 323-343.

BROADBENT D.E., COOPER P.J., BROADBENT M.H.P. (1978). « A comparison of hierarchical and matrix schemes in recall », *Journal of Experimental Psychology : Human Learning and Memory*, *4*, 486-497.

BUGELSKI B.R. (1962). « Presentation time, total time and mediation in paired-associate learning », *Journal of Experimental Psychology*, *63*, 409-412.

BUGELSKI B.R. (1968). « Images as mediators in one-trial paired-associated learning. II : Self-timing in successive lists », *Journal of Experimental Psychology*, *77*, 328-334.

BUGELSKI B.R., KIDD E., SEGMEN J. (1968). « Images as mediators in one-trial paired-associate learning », *Journal of Experimental Psychology*, *76*, 69-73.

CHAUCHARD P. (1968). *La Mémoire*, Paris, Retz.

COLLINS A.M., QUILLIAN M.R. (1969). « Retrieval time from semantic memory », *Journal of Verbal Learning and Verbal Behavior*, *8*, 240-248.

CRAIK F.I.M., TULVING E. (1975). « Depth of processing and the retention of words in episodic memory », *Journal of Experimental Psychology : General, 104*, 268-294.

CROVITZ H.F. (1969). « Memory loci in artificial memory », *Psychonomic Science, 16*, 82-83.

CROVITZ H.F. (1971). « The capacity of memory loci in artificial memory », *Psychonomic Science, 24*, 187-188.

DENIS M. (1975). « Représentation imagée et activité de mémorisation », *Monographies françaises de psychologie*, Paris, CNRS.

DENIS M. (1979). *Les Images mentales*, Paris, PUF.

DENIS M. (1989). *Image et Cognition*, Paris, PUF.

FAYOL M. (1985). *Le Récit et sa construction*, Neuchâtel, Delachaux & Niestlé.

FLORÈS C. (1964). « La mémoire », *in* P. Fraisse et J. Piaget, *Traité de psychologie expérimentale*, tome IV, Paris, PUF.

FOTH D.L. (1973). « Mnemonic technique effectiveness as a function of word abstractness and mediation instructions », *Journal of Verbal Learning and Verbal Behavior, 12*, 239-245.

GARTEN J.A., BLICK K.A. (1974). « Retention of word-pairs for experimenter-supplied and subject-originated mnemonic », *Psychological Reports, 35*, 1099-1104.

GRIFFITH D., ACTKINSON T.R. (1978). « Mental aptitude and mnemonic enhancement », *Bulletin of the Psychonomic Society, 12*, 347-348.

GRONINGER L.D. (1971). « Mnemonic imagery and forgetting », *Psychonomic Science, 23*, 161-163.

JUNG J. (1963). « Mediation for telephone numbers », *Perceptual and Motor Skills, 17*, 86.

LECONTE P., LAMBERT C. (1990). *Chronopsychologie*, Paris, PUF, coll. Que sais-je ?

LIEURY A. (1971). « Réactivation des schèmes phonétiques et sémantiques dans la mémorisation », *L'Année psychologique, 71*, 99-108.

LIEURY A. (1972). « Compensation de l'interférence intraliste par la présentation d'indices, phonétiques à court terme », *L'Année psychologique, 72*, 101-110.

LIEURY A. (1979). « La mémoire épisodique est-elle emboîtée dans la mémoire sémantique ? », *L'Année psychologique, 79*, 123-142.

LIEURY A. (1980*a*). *Les Procédés mnémotechniques : science ou charlatanisme ?*, Bruxelles, Mardaga, épuisé.

LIEURY A. (1980*b*). « Les procédés mnémotechniques sont-ils efficaces ? », *Bulletin de psychologie, 348*, 153-165.

LIEURY A. (1996). *Méthodes pour la mémoire*, Paris, Dunod, 1re éd., 1992.

LIEURY A. (1997). *Mémoire et Réussite scolaire*, Paris, Dunod, 1997, 3e éd.

LIEURY A. (2004). *Psychologie cognitive : cours et exercices*, Paris, Dunod, 4e éd.

LIEURY A. (2005). *Psychologie de la mémoire*, Paris, Dunod.

LIEURY A., DURAND P., CLEVEDE M., VAN ACKER P. (1992). « La réussite scolaire, raisonnement ou mémoire ? », *Psychologie et Psychométrie,* 13, 1, 33-46.

LIEURY A., FLEURY *et al.* (1998). « Apprentissage multi-épisodique : expérimentations dans différentes disciplines », *Les Cahiers du Graf*, ministère de l'Agriculture et de la Pêche, n° 2.

LIEURY A., IFF M., DURIS P. (1976). *Normes d'associations verbales*, Paris, Laboratoire de psychologie expérimentale.

LINDLEY R.H. (1963). « Effects of controlled cues in short-terme memory », *Journal of Experimental Psychology, 66*, 580-587.

LURIA A.R. (1970). *Une prodigieuse mémoire*, Neuchâtel, Delachaux et Niestlé.

LUTZ K.A., LUTZ R.L. (1977). « Effects of interactive imagery on learning : application to advertising », *Journal of Applied Psychology, 1977, 62*, 4, 493-498.

MAYER R.E., ANDERSON R.B. (1991). « Animations need narrations : an experimental test of a dual-coding hypothesis », *Journal of Educational Psychology, 83*, 484-490.

MILLER G.A. (1956). « The magical number seven, plus or minus two, some limits of our capacity for processing information », *Psychological Review, 63*, 81-97.

MOREAU A. (1973). « Le rôle du schéma dans l'apprentissage et l'évocation d'une tâche verbale », *L'Année psychologique, 73*, 521-533.

MORRIS P.E., COOK N. (1978). « When do first letter mnemonics aid recall ? », *British Journal of Educational Psychology, 48*, 22-28.

MORRIS P.E., JONES S., HAMPSON P. (1978). « An imagery mnemonic for the learning or people's names », *British Journal of Psychology, 69*, 335-336.

MUELLER M.R., EDMONDS E.M., EVANS S.H. (1967). « Amount of uncertainty associated with decoding in free-recall », *Journal of Experimental Psychology, 75*, 437-433.

NAGGY W.E., ANDERSON R.C. (1984). « How many words are there in printed school English », *Reading Research Quaterly, 19*, 304-330.

NICOLAS S. (2002). *La Mémoire*, Paris, Dunod.

OLTON R.M. (1969). « The effect of a mnemonic upon the retention of paired-associate verbal material », *Journal of Verbal Learning and Verbal Behavior, 8*, 43-48.

PAIVIO A. (1971). *Imagery and Verbal Processes*, New York, Holt, Rinehart & Winston.

PERSENSKY J.J., SENTER R.J. (1969). « An experimental investigation of a mnemonic system in recall », *The Psychological Record, 19*, 491-499.

PRESSLEY M. (1977). « Children's use of the keyword method to learn simple spanish vocabulary words », *Journal of Educational Psychology*, *69*, 465-472.

ROSCH E. (1975). « Cognitive representions of semantic categories », *Journal of Experimental Psychology : General*, *104*, 192-233.

RUST S.M., BLICK K.A. (1972). « The application of two mnemonic techniques following rote memorization of free-recall tasks », *The Journal of Psychology*, *80*, 247-253.

ST LAURENT R., de (1968). *La Mémoire*, Aubanel Éditeur.

SIMONDON M. (1982). *La Mémoire et l'oubli dans la pensée grecque jusqu'à la fin du Ve siècle avant J.-C.*, Paris, Les Belles Lettres, coll. d'Études mythologiques.

SENTER R.J., HOFFMAN R.R. (1976). « Bizarreness as a non essential variable in mnemonic imagery : a confirmation », *Bulletin of the Psychonomic Society*, *7*, 163-164.

SMITH R.K., NOBLE C.E. (1965). « Effects of a mnemonic technique applied to verbal learning and memory », *Perceptual and Motor Skills*, *21*, 123-134.

STANDING L., CONEZIO J., HABER R.N. (1970). « Perception and memory for pictures : single learning of 2500 visual stimuli », *Psychonomic Science*, *19*, 73-74.

TIBERGHIEN G., LECOCQ P. (1983). *Rappel et Reconnaissance*, Lille, PUL.

TULVING E. (1972). « Episodic and semantic memory », *in* E. Tulving et W. Donaldson, *Organization and Memory*, New York, Academic Press.

TULVING E., PEARLSTONE Z. (1966). « Availability versus accessibility of in memory for words », *Journal of Verbal Learning and Verbal Behavior*, *5*, 381-391.

TULVING E., WATKINS M.J. (1973). « Continuity between recognition and recall », *American Journal of Psychology*, *86*, 739-748.

UNDERWOOD B.J., ERLEBACHER A. (1965). « Studies of coding in verbal learning », *Psychological Monographs*, *79* (13 en entier, n° 606).

VEZIN J.-F. (1970). « Rôle des schémas, des exemples illustratifs et des énoncés verbaux, dans l'acquisition des concepts chez des enfants de 11 et 12 ans », *Enseignement programmé*, *9-10*, 49-59.

VEZIN J.-F. (1972). « L'apprentissage des schémas, leur rôle dans l'assimilation des connaissances », *L'Année psychologique*, *72*, 179-198.

VEZIN J.-F., BERGER O., MAVRELLIS P. (1973). « Rôle du résumé et de la répétition en fonction de leur place par rapport au texte », *Bulletin de psychologie*, *309*, 163-167.

WOOD G. (1967*a*). « Category of names as cues for the recall of category instances », *Psychonomic Science*, *9*, 323-324.

WOOD G. (1967*b*). « Mnemonic systems in recall », *Journal of Educational Psychology Monographs*, *58*, n° 6 en entier, partie 2.

YATES F. (1975). *L'Art de la mémoire*, Gallimard, Paris.

YOUNG M.N. (1961). *Bibliography of Memory*, Philadelphia, Chilton Co.

INDEX

049417-(III)-(1,5)-OSB 80°-NOC-CDD

STEDI MEDIA, 1, boulevard Ney, 75018 Paris
Dépôt légal, Imprimeur, n° 8805
Dépôt légal : septembre 2005 - suite du tirage : février 2006
Imprimé en France